REGISTRO DE PREÇOS

ASPECTOS PRÁTICOS E JURÍDICOS

EDGAR GUIMARÃES

JOEL DE MENEZES NIEBUHR

Diogenes Gasparini
Prefácio

REGISTRO DE PREÇOS

ASPECTOS PRÁTICOS E JURÍDICOS

2ª edição atualizada de acordo com o Decreto nº 7.892/2013

Belo Horizonte

EDITORA Fórum

2013

© 2008 Editora Fórum Ltda.
2013 2ª edição Editora Fórum Ltda.

É proibida a reprodução total ou parcial desta obra, por qualquer meio eletrônico, inclusive por processos xerográficos, sem autorização expressa do Editor.

Conselho Editorial

Adilson Abreu Dallari
Alécia Paolucci Nogueira Bicalho
Alexandre Coutinho Pagliarini
André Ramos Tavares
Carlos Ayres Britto
Carlos Mário da Silva Velloso
Cármen Lúcia Antunes Rocha
Cesar Augusto Guimarães Pereira
Clovis Beznos
Cristiana Fortini
Dinorá Adelaide Musetti Grotti
Diogo de Figueiredo Moreira Neto
Egon Bockmann Moreira
Emerson Gabardo
Fabrício Motta
Fernando Rossi

Flávio Henrique Unes Pereira
Floriano de Azevedo Marques Neto
Gustavo Justino de Oliveira
Inês Virgínia Prado Soares
Jorge Ulisses Jacoby Fernandes
Juarez Freitas
Luciano Ferraz
Lúcio Delfino
Marcia Carla Pereira Ribeiro
Márcio Cammarosano
Maria Sylvia Zanella Di Pietro
Ney José de Freitas
Oswaldo Othon de Pontes Saraiva Filho
Paulo Modesto
Romeu Felipe Bacellar Filho
Sérgio Guerra

Luís Cláudio Rodrigues Ferreira
Presidente e Editor

Supervisão editorial: Marcelo Belico
Revisão: Cristhiane Maurício
Bibliotecária: Izabel Antonina A. Miranda – CRB 2904 – 6ª Região
Capa: Miriam Ledur Guimarães
Projeto gráfico: Walter Santos
Diagramação: Derval Braga

Av. Afonso Pena, 2770 – 16º andar – Funcionários – CEP 30130-007
Belo Horizonte – Minas Gerais – Tel.: (31) 2121.4900 / 2121.4949
www.editoraforum.com.br – editoraforum@editoraforum.com.br

G963r	Guimarães, Edgar
	Registro de preços: aspectos práticos e jurídicos / Edgar Guimarães ; Joel de Menezes Niebuhr. 2. ed. atualizada de acordo com o Decreto nº 7.892/2013. – Belo Horizonte : Fórum, 2013.
	196 p. ISBN 978-85-7700-797-4
	1. Direito administrativo. 2. Registro de preço. I. Niebuhr, Joel de Menezes. II. Título.
	CDD: 341.3 CDU: 342.9

Informação bibliográfica deste livro, conforme a NBR 6023:2002 da Associação Brasileira de Normas Técnicas (ABNT):

GUIMARÃES, Edgar; NIEBUHR, Joel de Menezes. *Registro de preços*: aspectos práticos e jurídicos. 2. ed. atualizada de acordo com o Decreto nº 7.892/2013. Belo Horizonte: Fórum, 2013. 196 p. ISBN 978-85-7700-797-4.

A minha família, pelo amor, carinho, paciência e incentivo de cada dia.

Edgar Guimarães

Ao meu irmão Pinho, mestre em espontaneidade, doutor em felicidade, PhD na arte de viver a vida.

Joel de Menezes Niebuhr

Agradecimentos

Ao Presidente do Tribunal de Contas do Estado do Paraná, Conselheiro Nestor Baptista, e ao Diretor Geral, Dr. Agileu Carlos Bittencourt, pela compreensão e apoio inestimáveis.

Edgar Guimarães

Agradecimentos

Agradeço a todos os meus familiares e a Fernanda, por todo o apoio. Agradeço, também, aos amigos do Instituto de Direito Administrativo de Santa Catarina e da Federação Catarinense dos Municípios, pela rica troca de experiência e aprendizado.

Joel de Menezes Niebuhr

SUMÁRIO

PREFÁCIO DA 1ª EDIÇÃO
Diogenes Gasparini 18

NOTA DA 2ª EDIÇÃO
Os autores 20

CAPÍTULO 1
NOÇÕES GERAIS SOBRE REGISTRO DE PREÇOS
Joel de Menezes Niebuhr 21
1.1 Conceito de registro de preços 21
1.1.1 A faculdade da Administração de celebrar os contratos decorrentes da ata de registro de preços e seus efeitos 24
1.2 Vantagens do registro de preços 27
1.2.1 Objetos de difícil previsibilidade 28
1.2.2 Controle eficaz dos estoques 30
1.2.3 Controle de qualidade 30
1.2.4 Flexibilidade em relação às regras de duração contratual previstas no artigo 57 da Lei nº 8.666/93 32
1.3 Legislação sobre registro de preços 33
1.4 Cabimento do registro de preços 36
1.4.1 Registro de preços para obras e serviços de engenharia 41
1.4.2 Registro de preços para bens e serviços de informática 46
1.4.3 Objetos que não admitem a utilização do registro de preços 47

CAPÍTULO 2
LICITAÇÃO PARA REGISTRO DE PREÇOS
Edgar Guimarães 49
2.1 Planejamento da licitação para registro de preços 49
2.1.1 Fases da licitação 51
2.1.2 Especificidades da fase preparatória da licitação para registro de preços 51
2.2 Definição de quantitativos 53
2.3 Pesquisa de mercado 55
2.3.1 A estimativa de valor e a fixação de preço máximo 56
2.3.2 A metodologia para estimar o valor da licitação 57
2.4 Reserva orçamentária 58
2.5 Modalidades de licitação 60

2.5.1	Adoção da modalidade em razão da natureza do objeto	61
2.6	Critérios de julgamento	62
2.6.1	Tipos de licitação e suas aplicações	62
2.6.2	Os possíveis tipos nas licitações para registro de preços	63
2.6.3	O julgamento da licitação pela oferta de maior desconto	64
2.7	Registro de preços para mais de um ente da Administração Pública	64
2.7.1	Vantagens do registro de preços para várias entidades	65
2.8	Edital da licitação para registro de preços	68
2.8.1	A importância do edital e seu caráter vinculativo	69
2.8.2	Regras a serem observadas na elaboração do edital	69
2.8.3	Anexos do edital de licitação	71
2.8.4	Competência para assinar o edital	73
2.9	Aprovação do edital	73
2.9.1	Finalidade, competência e extensão da análise jurídica	74
2.9.2	Prazo para análise das minutas dos editais	75
2.9.3	O caráter decisório e vinculativo da manifestação da assessoria jurídica	75
2.9.4	A elaboração de minutas-padrão de editais	76
2.10	Publicidade do edital	77
2.10.1	Meios de divulgação dos avisos de licitação	77
2.10.2	Prazos mínimos de publicidade	78
2.10.3	Alteração do edital após a publicidade	79
2.11	Fase de aprovação da licitação	80
2.11.1	Homologação	81
2.11.2	Revogação	81
2.11.3	Anulação	82
2.11.4	Fracasso e deserção	82
2.11.5	Adjudicação do objeto em licitações para registro de preços	83

CAPÍTULO 3
ATA DE REGISTRO DE PREÇOS
Joel de Menezes Niebuhr 85

3.1	Ata de registro de preços	85
3.2	Conteúdo da ata de registro de preços	86
3.3	Formalização da ata de registro de preços	88
3.3.1	Aprovação da assessoria jurídica	88
3.3.2	Assinatura da ata de registro de preços	89
3.3.3	Recusa do primeiro classificado em assinar a ata de registro de preços	90
3.3.4	Assinatura da ata concomitantemente por mais de um fornecedor	92
3.3.5	Publicação do extrato da ata de registro de preços na imprensa oficial	94
3.4	Prazo de vigência e prorrogação da ata de registro de preços	95
3.5	Alteração da ata de registro de preços	96
3.6	Revisão dos preços registrados em ata	103

3.7   Reajuste e repactuação dos preços registrados em ata........................109
3.8   Cancelamento dos preços registrados 112

CAPÍTULO 4
ADESÃO À ATA DE REGISTRO DE PREÇOS
Joel de Menezes Niebuhr 113
4.1   Adesão à ata de registro de preços...113
4.2   Ofensa aos princípios de Direito Administrativo 117
4.2.1 Agravo ao princípio da legalidade...117
4.2.2 Agravo ao princípio da isonomia...119
4.2.3 Agravo ao princípio da vinculação ao edital....................................122
4.2.4 Agravo aos princípios da moralidade administrativa
      e da impessoalidade...125
4.2.5 Agravo ao princípio da economicidade..126
4.3   A posição do Tribunal de Contas da União 127
4.3.1 A posição de outros tribunais de contas...135
4.4   Preocupações relacionadas aos limites para as adesões à ata
      de registro de preços 137
4.5   Procedimento para adesão à ata de registro de preços...................138
4.6   Adesão à ata de registro de preços de entidades de esferas
      federativas distintas 147
4.7   Aditivos à ata de registro de preços aderida 150
4.8   Prazo para o aderente contratar com base na ata aderida..............151
4.9   Responsabilidade da entidade aderente pela licitação pública
      que precedeu a ata de registro de preços...151
4.10 Possibilidade de o aderente penalizar o fornecedor ou prestador
      do serviço...153

CAPÍTULO 5
CONTRATO ADMINISTRATIVO DECORRENTE DE ATA DE
REGISTRO DE PREÇOS
Edgar Guimarães...155
5.1   Aplicação da sistemática da Lei nº 8.666/93......................................155
5.2   Formalização do contrato administrativo..156
5.2.1 Competência para formalizar o contrato 156
5.2.2 Utilização de termo contratual ou instrumento equivalente 157
5.2.3 A questão da expressão "entrega imediata".....................................159
5.3   Publicidade do contrato administrativo...159
5.3.1 A publicidade como condição de eficácia do contrato....................161
5.3.2 Conteúdo do extrato contratual 162
5.4   Duração do contrato administrativo...163
5.4.1 Regra geral e exceções..163
5.5   Alterações do contrato administrativo e seus limites.....................164
5.5.1 Requisitos legais para as alterações 165
5.6   Aplicação de sanção administrativa em decorrência da recusa
      do fornecedor em assinar o contrato administrativo 167

5.6.1 Providências a serem tomadas 168
5.6.2 Consequências da recusa do fornecedor 169
5.7 Aplicação de sanção administrativa em decorrência
da inexecução do contrato administrativo 170

CAPÍTULO 6
REGISTRO DE PREÇOS NAS ENTIDADES DO SISTEMA "S"
Edgar Guimarães 171

6.1 Questões introdutórias 171
6.1.1 Natureza jurídica das entidades do Sistema "S" 171
6.1.2 Regime jurídico das licitações e contratos 172
6.2 Modalidades de licitação 173
6.2.1 Concorrência 173
6.2.2 Pregão 174
6.3 Julgamento das propostas 175
6.3.1 Órgão julgador: espécies, composição e atribuições 176
6.3.2 Tipos de licitação e suas aplicações 177
6.3.3 Os possíveis tipos nas licitações para registro de preços 178
6.3.4 Inversão das fases da licitação 178
6.4 Publicidade do edital 178
6.4.1 Regras a serem observadas 179
6.5 Registro de vários fornecedores para um mesmo objeto 179
6.5.1 Condições para implementação 179
6.6 Homologação da licitação e providências subsequentes 180
6.6.1 Adjudicação em licitações para registro de preços 181
6.6.2 Assinatura do instrumento resultante da licitação 181
6.6.3 Vigência e extinção do registro de preços 182
6.6.4 Revisão dos preços registrados 184
6.7 Formalização da contratação 185
6.7.1 Utilização de termo contratual ou instrumento equivalente 185
6.7.2 Prazo de vigência do registro e duração do contrato 187
6.8 Cancelamento do preço registrado 187
6.8.1 Cancelamento do preço pelo descumprimento das obrigações
assumidas no respectivo instrumento 187
6.8.2 Cancelamento do preço pela recusa do fornecedor em adequá-lo
ao mercado 188
6.8.3 Cancelamento do preço por interesse da entidade 188
6.8.4 A necessária observância do contraditório e da ampla defesa 189
6.9 Adesão à ata de registro de preços 189
6.9.1 Limites para adesão à ata de registro de preços 192
6.9.2 Requisitos para adesão à ata de registro de preços 193

REFERÊNCIAS 195

PREFÁCIO DA 1ª EDIÇÃO

Por generosa deferência de seus autores, ilustres advogados, insignes pareceristas, juristas renomados, autores consagrados, professores de alto coturno e palestrantes dos mais requisitados, Doutores Edgar Guimarães e Joel de Menezes Niebuhr, coube-me a tarefa, que procuro desempenhar com satisfação e honra, de prefaciar seu mais recente livro: *Registro de preços: aspectos práticos e jurídicos*, onde manuseiam com mestria a doutrina e a jurisprudência como ferramentas de sustentação de suas bem colocadas ideias, que o caro leitor tem em suas mãos. Embora pareça, o livro não é trabalho a quatro mãos, pois cada capítulo é assumido por um dos autores, o que demonstra a independência intelectual de cada um em relação ao tópico dissertado, sem quebrar a unidade que o instituto de registro de preços deve conter. Os seis temas em que a obra foi dividida são expostos em capítulos que vão do geral ao particular: "Noções gerais sobre registro de preços", "Licitação para registro de preços", "Ata de registro de preços", "Adesão à ata de registro de preços", "Contrato administrativo decorrente de ata de registro de preços" e "Registro de preços nas entidades do Sistema 'S'", em cujo interior os autores abordam objetivamente o mais relevante e discutem o mais controvertido, dando-lhe a solução legal compatível com as premissas antes colocadas. Sempre que necessário, fazem severas e fundadas críticas às teses que entendem desafeiçoadas ao Direito Brasileiro, como é o caso do *carona*.

Registro de preços: aspectos práticos e jurídicos não é mais um livro sobre esse excepcional e prático procedimento administrativo usado no âmbito dos Poderes da União, dos Estados, do Distrito Federal e dos Municípios quando a atividade administrativa, em razão do interesse público, exige a aquisição de bens ou a contratação de serviços; é, isto sim, um estudo teórico e prático, pois composto por exposições minuciosas e bem encadeadas sobre esse mecanismo indispensável às contratações públicas. Não se perdem os autores em divagações doutrinárias ou em discussões de pequena importância ou com as que a lei já oferece a solução. A preocupação dos ilustres autores é uma só: levar ao aplicador do direito, especialmente em relação a esse instituto, a melhor e mais fundamentada solução para os inúmeros e difíceis problemas que surgem na sua diária utilização pela Administração Pública, qualquer que seja sua esfera governamental.

Com a vinda a lume de *Registro de preços: aspectos práticos e jurídicos*, os Professores Edgar Guimarães e Joel de Menezes Niebuhr partilham com o estudante, com o advogado, com o administrador e com o juiz os conhecimentos hauridos na experiência diária da advocacia consultiva, voltada à defesa dos particulares violentados nos seus direitos, por desabridas medidas administrativas de natureza licitatória, ou direcionada à orientação da Administração Pública na correta utilização do registro de preços. Essa experiência do dia a dia, aliada aos seus precisos conhecimentos teóricos, extravasada em *Registro de preços: aspectos práticos e jurídicos*, irá contribuir, em muito, na correta aplicação desse instituto jurídico dentro e fora de cada esfera governamental, quando o desejado é a aquisição de bens ou a contratação de serviços.

Escrito em linguagem simples e escorreita, valendo-se os autores da terminologia jurídica precisa, que a matéria exige, o livro torna-se para todos os que militam na área do Direito Público, especialmente no campo das contratações públicas, instrumento útil e de fácil entendimento. Por tudo isso, ainda que com algumas afirmações se possa discordar, *Registro de preços: aspectos práticos e jurídicos* é livro que não só se prefacia, mas se recomenda.

São Bernardo do Campo, janeiro de 2008.

Diogenes Gasparini
Advogado. Mestre e Doutor pela PUC-SP. Professor da Escola Superior de Direito Constitucional – SP. Ex-Professor Titular e Professor *honoris causa* da Faculdade de Direito de São Bernardo do Campo – OAB n. 14.969.

NOTA DA 2ª EDIÇÃO

A 2ª edição do nosso *Registro de Preços: aspectos práticos e jurídicos* está atualizada à nova regulamentação introduzida pelo Decreto Federal nº 7.892, de 23 de janeiro de 2013, bem como em face das alterações ocorridas em Regulamentos de Licitações e Contratos e algumas Entidades do denominado Sistema "S". A sistemática do registro de preços foi essencialmente mantida com ajustes e adaptações relevantes, que são decorrentes do próprio amadurecimento sobre a matéria. Da 1ª edição para cá, e lá se foram apressadamente cinco anos, o registro de preços foi consolidado, especialmente em estados e municípios. Hoje ele é parte inarredável do cotidiano da Administração Pública nacional. O seu uso crescente trouxe novas perspectivas, novos casos e novos questionamentos, aliados a uma percepção cada vez mais crítica sobre os seus institutos. Nada melhor do que a experiência prática para por em xeque certas verdades e apontar novos caminhos.

O novo Decreto Federal corrigiu alguns defeitos (por exemplo, não reproduziu a ilegal previsão de possibilidade de prorrogação da ata para período superior a um ano), aclarou pontos meio obscuros (como o caso da desnecessidade de reserva orçamentária para lançar a licitação de registro de preços) e repetiu alguns problemas antigos (a título ilustrativo, a sistemática para a manutenção do equilíbrio econômico-financeiro da ata permanece péssima). Avançou em algumas frentes, a principal delas a que se convencionou chamar de "intenção para registro de preços", que provavelmente causará dúvidas e desconforto, em que pese ser medida positiva, cujo propósito é fazer com que a Administração aproveite-se da economia de escala e consiga resultados melhores na sua gestão contratual.

Sem embargo, talvez o ponto mais afetado pela nova regulamentação federal tenha sido a adesão à ata, que recebeu tratamento restritivo, muito em tributo de uma jurisprudência de perfil ativo do Tribunal de Contas da União. Na edição anterior, defendemos com contundência que a adesão à ata de registro de preços é inconstitucional e ilegal, que não se compadecia com quase a totalidade dos princípios *jus* administrativos. Mesmo com a nova roupagem dada pelo Decreto

Federal nº 7.892/13, continua inconstitucional e ilegal e, assim o sendo, deveria ser extirpada da ordem jurídica nacional, bem como o seu uso deveria ser de uma vez proibido. Reconhecemos que houve melhoras e que a tendência é refrear os abusos, porém o problema não está resolvido. Enfim, continuamos críticos.

Sobretudo, no período entre as duas edições, debatemos muito o registro de preços com vários amigos que fazem parte de diferentes setores da Administração Pública, de quem somos penhoradamente gratos. A nossa vivência de cursos e seminários destinados à capacitação de servidores públicos é singular porque nos aproxima da realidade. Aprendemos mais do que ensinamos.

Desde a 1ª edição, temos a preocupação de utilizar linguagem que possibilite uma comunicação eficaz com as pessoas que aplicam o registro de preços no seu cotidiano, recusando a clausura das teorizações jurídicas divorciadas da experiência prática. O título do livro já é indicativo: "aspectos práticos e jurídicos". Antes de tudo, "práticos". Esperamos que esta 2ª edição cumpra os seus propósitos e que, de fato, tenha utilidade para os que militam na área.

Os autores

CAPÍTULO 1

NOÇÕES GERAIS SOBRE REGISTRO DE PREÇOS

JOEL DE MENEZES NIEBUHR

1.1 Conceito de registro de preços

Em processo de contratação comum, que não se refere a registro de preços, a Administração define o que e em que quantidade pretende contratar e os licitantes oferecem propostas, que abrangem, em regra, toda a quantidade visada.[1] O licitante vencedor da disputa, depois de concluído o procedimento, é convocado pela Administração para firmar contrato. Com o contrato, o licitante obriga-se a prestar os bens por ele ofertados em licitação e a Administração obriga-se a recebê-los todos e pagar por eles.

O registro de preços foge da sistemática geral, introduzindo procedimento que apresenta diversas especificidades, prestantes a facilitar o gerenciamento de contratos, sobretudo nas situações em que a necessidade da Administração em relação a determinados bens é contínua, como ocorre com material de expediente, com peças, com pneus, com material de limpeza, etc.

---

[1] Diz-se *em regra* porque, de acordo com o §7º do artigo 23 da Lei nº 8.666/93, "na compra de bens de natureza divisível e desde que não haja prejuízo para o conjunto ou complexo, é permitida a cotação de quantidade inferior à demandada na licitação, com vistas à ampliação da competitividade, podendo o edital fixar quantitativo mínimo para preservar a economia de escala". De todo modo, o quantitativo mínimo fixado no edital deve ser cotado em sua integralidade pelos licitantes.

Pois bem, as principais especificidades do registro de preços são as seguintes:

Inicialmente, em vez de o licitante oferecer preço para todo o quantitativo previsto no edital, ele o faz em relação à unidade ou para lote predefinido pela Administração. Por exemplo, o edital visa à compra de cem pneus. O licitante não cota preço para cem pneus. Ele cota preço para um pneu ou para um lote, supõe-se, com quatro pneus.

Em segundo lugar — este é o ponto mais relevante —, o vencedor da licitação não assina imediatamente contrato com a Administração. Como visto, com o contrato, o licitante obriga-se a oferecer dado bem e a Administração a pagar por ele. Ambos assumem obrigações recíprocas. O vencedor da licitação concernente ao registro de preços, em vez de contrato, assina o que se chama de *ata de registro de preços*. Nela, registra-se o preço ofertado pelo licitante para a unidade ou para o lote referente ao objeto da licitação.

Além disso, o licitante, ao firmar a ata de registro de preços, obriga-se a fornecer o bem licitado pela Administração, em toda a quantidade prevista por ela e durante o prazo fixado no edital, que não pode ser superior a um ano. O ponto fundamental é que a Administração não se obriga a contratar, a adquirir os bens ou receber os serviços. Isto é, com a ata de registro de preços, o licitante assume obrigação, mas a Administração não, pelo não em regra e de maneira direta.

É o que preceitua claramente o §4º do artigo 15 da Lei nº 8.666/93:

Art. 15. §4º A existência de preços registrados não obriga a Administração a firmar as contratações que deles poderão advir, ficando-lhe facultada a utilização de outros meios, respeitada a legislação relativa às licitações, sendo assegurado ao beneficiário do registro preferência em igualdade de condições.

Veja-se que, de acordo com o dispositivo supracitado, a Administração não é obrigada a contratar. É permitido a ela, mesmo dispondo de ata de registro de preços, utilizar outros meios para a contratação, inclusive lançando nova licitação para o mesmo objeto. O único direito que se assegura ao signatário da ata de registro de preços, ao menos de maneira explícita no §4º do artigo 15 da Lei nº 8.666/93, é de ser o contratado caso seja realizada uma nova licitação para o mesmo objeto na vigência da ata de registro de preços, desde que as condições oferecidas por ele sejam iguais ou melhores às oferecidas pelo vencedor desta nova licitação ou modalidade de contratação, merecendo destaque, nesse sentido, o preço oferecido.

O licitante compromete-se a ofertar o objeto da licitação, pelo preço cotado por ele em relação à unidade ou ao lote, numa determinada quantidade prevista no edital, por dado prazo. A Administração não se obriga a contratar o objeto licitado. Ela contrata se quiser, quando quiser (dentro do prazo de validade da ata de registro de preços, que deve ser fixado no edital e não pode ultrapassar um ano) e na quantidade que quiser (desde que não ultrapasse a quantidade prevista no edital).

Voltando ao exemplo da aquisição de pneus: o licitante cotou um pneu a R$100,00 (cem reais) e, com tal preço, ganhou a licitação para registro de preços, que previa quantitativo total de cem pneus. Em vez de assinar contrato, ele assina a ata de registro de preços. Com isso, ele obriga-se a fornecer os cem pneus à Administração, pelo preço de R$100,00 (cem reais) cada, durante o prazo fixado no edital. A Administração, por sua vez, não se obriga a comprar os pneus. Repita-se: ela compra se quiser, quando quiser e na quantidade que quiser. Trocando-se em miúdos: na semana seguinte à assinatura da ata de registro de preços, dois pneus de veículos da Administração são furados. A Administração, então, requisita, daquele que assinou a ata de registro de preços, dois pneus, pagando por eles. Noutra semana, furam outros quatro pneus e, portanto, a Administração requisita a entrega de outros quatro. E assim procede a Administração, comprando de acordo com as suas necessidades, sem que seja necessário fazer estoques e adquirir grandes quantidades de uma só vez.

De mais a mais, é importante destacar que registro de preços não é modalidade de licitação. As modalidades, hoje existentes, são: concorrência, tomada de preços, convite, concurso, leilão e pregão. O registro de preços não se confunde com elas. Para promover registro de preços é necessário, em regra, que se proceda à licitação, que deve seguir, como será abordado adiante, as modalidades concorrência ou pregão (presencial ou eletrônico). Logo, há concorrência para promover registro de preços ou há pregão para promover registro de preços.

A rigor, o registro de preços abrange três etapas fundamentais: licitação, ata de registro de preços e contrato. Primeiro, lança-se a licitação, repita-se, nas modalidades concorrência ou pregão, que se constitui no processo de seleção do futuro fornecedor, assegurando a todos os interessados o direito de disputarem em igualdade de condições as futuras contratações. Concluída a licitação, devidamente homologada, o vencedor dela é convocado para assinar a ata de registro de preços, documento unilateral em que ele assume perante a Administração a obrigação de prestar o objeto licitado de acordo com a necessidade dela, dentro do prazo de validade da ata de registro de preços, que é de, no máximo, um ano, e dentro do quantitativo definido no edital de licitação. A Administração, até este momento, não assume obrigação alguma para com o fornecedor. Depois de assinada a ata de registro de preços, se a Administração quiser, o fornecedor é convocado para firmar contrato, quantos forem necessários, de acordo com as necessidades e as demandas dela.

Logo, o registro de preços é o conjunto que abrange essas três etapas: licitação, ata de registro de preços e contrato. Trata-se de instrumento para que a Administração gerencie as suas demandas, na medida em que a contratação ocorre de acordo com elas.

Há outras especificidades tocantes ao registro de preços. Sem embargo, pode-se afirmar que, em linha geral, esses são os seus traços mais marcantes. Em razão deles, propõe-se o seguinte conceito para o registro de preços: instrumento destinado à eficiência no gerenciamento dos processos de contratação pública, por meio do qual o vencedor da licitação assina ata de registro de preços, comprometendo-se a oferecer por preço unitário o objeto licitado, de acordo com as necessidades da Administração, dentro de quantidade prefixada no edital e dentro de prazo também fixado nele, que não pode ultrapassar um ano.

1.1.1 A faculdade da administração de celebrar os contratos decorrentes da ata de registro de preços e seus efeitos

A principal característica do registro de preços é que a Administração realiza a licitação, assina a ata de registro de preços e não se obriga a firmar os contratos dela decorrentes. Como dito, a Administração contrata se quiser, na quantidade que quiser (desde que não ultrapasse o quantitativo previsto na ata) e quando quiser (desde que dentro do prazo de vigência da ata). É certo falar que a Administração não assume obrigações diretas com a assinatura da ata de registro de preços e que, portanto, o signatário da ata de registro de preços não goza do direito de ser contratado, conforme o §4º do artigo 15 da Lei nº 8.666/93.

No entanto, isso não quer dizer que a Administração está autorizada a atuar sem planejamento e de maneira irresponsável, contrária ao interesse público. Em primeiro lugar, é óbvio que a Administração somente deve lançar licitação para registro de preços diante de alguma necessidade ou da perspectiva de alguma necessidade. Caso contrário, a licitação seria viciada por falta de motivo, bem como violaria os princípios da razoabilidade, eficiência, economicidade e da proteção à confiança. Realmente, não faria sentido que a Administração lançasse licitação para o registro de preços sem propósito algum, visando o nada. A licitação custa, mobiliza os agentes administrativos e gera expectativas legítimas nas empresas que atuam no mercado.

O gestor público que pretender lançar licitação para o nada, para o seu próprio deleite ou distração, sem visar atender alguma finalidade pública, se não estiver acometido por alguma provável patologia psiquiátrica, está sujeito a ser penalizado administrativa, civil e penalmente. Se isto ocorrer, terceiros prejudicados devem ser indenizados pelos danos que lhe foram causados, em síntese, os custos que tiveram para participar da licitação e algum outro dano excepcional, devidamente comprovado. Sem embargo, ainda que isso ocorra, o signatário da ata de registro de preços não poderá reclamar ou exigir a sua contratação.

Em que pese isso, é de supor que a Administração firme os contratos decorrentes da ata de registro de preços, conquanto, insista-se, ela não é obrigada a fazê-lo. Afinal de contas, se ela realizou licitação e convocou o adjudicatário para assinar a ata de registro de preços, é porque há alguma demanda ou necessidade a ser atendida.[2]

Nessa medida, são procedentes as assertivas de Gabriela Verona Pérsio, para quem, "se a Administração não está autorizada a realizar licitação para SRP sem que haja uma demanda, ainda que imprecisa, haverá, necessariamente, contratações decorrentes do SRP, salvo a superveniência de fatos que modifiquem o *status quo*".[3] Ora, tendo havido uma demanda ou perspectiva de demanda que motivou a licitação, a não contratação precisa ser justificada por algum fato que ocorreu posteriormente e que tenha alterado as necessidades ou as expectativas da Administração. Porém, havendo este fato superveniente, nada impede que a Administração não firme os contratos previstos na ata de registro de preços.

Em síntese, a ata de registro de preços pode não gerar contratações. Não há qualquer ilegalidade nisso, desde que se aponte fato superveniente que tenha alterado a demanda ou a expectativa de

---

[2] Ressalva-se que o §5º do artigo 22 do Decreto Federal nº 7.892/13 faz referência à hipótese em que o órgão gestor não tem previsão de contratação. Nesse caso, supõe-se que os órgãos participantes tenham previsão de contratação. Ou seja, é possível que um determinado órgão promova licitação para registro de preços visando a contratação de outros órgãos, que sejam a ele ligados. De todo modo, há uma demanda que justifica a realização da licitação.

[3] PÉRCIO. Breves reflexões sobre o Sistema de Registro de Preços: deveres e obrigações da Administração Pública para com o detentor do preço registrado. *Revista Zênite: Informativo de Licitações e Contratos – ILC*, p. 21-25.

demanda da Administração. O signatário da ata de registro de preços não terá o direito de exigir a sua contratação nem pleitear indenização. No entanto, se não houver justificativa em fato superveniente, o signatário da ata de registro de preços poderá pleitear indenização em relação aos custos incorridos para participar da licitação e eventualmente algum outro dano devidamente comprovado. Em hipótese alguma, terá o direito de exigir a contratação.

Outra situação é quando a Administração firma contratos decorrentes da ata de registro de preços, porém em quantitativo inferior ao registrado. Por exemplo, registrou na ata cem computadores e contratou ao final apenas oitenta. Essa situação é normal, não gera qualquer direito à indenização para o signatário da ata, aliás, neste ponto reside a grande vantagem do registro de preços, como será visto adiante. Em sede de registro de preços, a Administração pode e deve definir quantitativo superior a sua real projeção de demanda, sobremodo porque há objetos de difícil previsibilidade.

Sem embargo, esta definição de quantitativo deve ser realizada com moderação, justamente para não frustrar as expectativas dos fornecedores e prestadores de serviços. Ora, continuando com o exemplo, se a Administração lança edital de registro de preços para cem computadores, os fornecedores criam a expectativa legítima de que a Administração ao final compre quantitativo próximo. Portanto, se a Administração compra apenas cinco ou dez computadores, as expectativas dos fornecedores serão frustradas.

Salvo situação excepcional que denote dolo ou culpa grave dos agentes administrativos, em casos como o acima relatado, em que a Administração contrata com base na ata de registro de preços, porém quantidade inferior à registrada, não há de reconhecer-se direito à indenização ao signatário da ata de registro de preços.[4] Repita-se que é

---

[4] Neste ponto, discorda-se de Gabriela Verona Pércio, para quem:
"Daí que surgirá, sem qualquer sombra de dúvida, o *dever de indenizar sempre que a forma de utilização da ata pela Administração Pública acarretar algum prejuízo ao particular detentor do preço registrado*, como, por exemplo, sempre que adquirir quantidade muito inferior à prevista no edital e isso causar, comprovadamente, prejuízo à economia de escala considerada pelo particular quando da formulação de sua proposta. Essa é a quarta reflexão proposta. Trata-se de situações em que a Administração se distancia das quantidades estimadas para menos, desproporcionalmente e sem justo motivo. São situações distintas daquelas variações esperadas, decorrentes, essas sim, dos aspectos efetivamente imprevisíveis e não planejáveis do objeto. Ora, como imaginar uma parceria entre a Administração Pública e o setor privado se não há um respeito, pela própria Administração Pública, pelas expectativas que seus atos — que deveriam ser planejados — geram nos particulares interessados em fornecer? Como imaginar ser aceitável que, por exemplo, com fundamento no interesse público, a Administração registre preços

normal e da essência do registro de preços a contratação de quantitativo inferior ao registrado na ata. Portanto, admitir o contrário seria desfazer o registro de preços, negar a sua qualidade.

Poder-se-ia argumentar que os signatários da ata teriam direito à indenização se houvesse uma espécie de substancial frustração de expectativas, isto é, se a Administração contratasse quantidade "muito inferior" à registrada. O ponto é: o que é "muito inferior"? Noventa por cento, cinquenta por cento ou dez por cento do quantitativo registrado na ata? Admitida a tese, cair-se-ia em total relativismo, criando-se situação de insegurança e imprevisibilidade para a Administração Pública.

Não se pode perder de vista que o §4º do artigo 15 da Lei nº 8.666/93 desobriga a Administração de contratar todo o quantitativo registrado na ata. Aliás, esta é a principal característica e utilidade do registro de preços. Portanto, a possibilidade de o fornecedor ou prestador dos serviços ser indenizado porque a Administração não contratou o quantitativo previsto na ata de registro de preços deve ser compreendida como medida excepcionalíssima.

1.2 Vantagens do registro de preços

O registro de preços propicia uma série de vantagens à Administração Pública, sobretudo em relação a certas espécies de contrato e a certas situações. O registro de preços, entretanto, não é a panaceia da Administração Pública, não resolve nem resolverá todos os problemas dela, muito embora seja ferramenta extremamente útil.

O registro de preços desnuda as suas vantagens no cotidiano da Administração, com o seu uso diário, que alberga detalhes e especificidades em conformidade com a realidade de cada órgão ou entidade. Sem embargo, há algumas vantagens notórias, que são imanentes à própria concepção do registro de preços. Neste estudo, introdutoriamente, destacam-se quatro grandes vantagens do registro de preços, sem prejuízos de outras tantas, que, repita-se, surgirão com a prática e diante da realidade de cada órgão ou entidade.

---

para 20.000 unidades e, ao final, tenha adquirido apenas duas mil? O resultado claro de atuações como essa, em curto prazo, será a perda do interesse de bons fornecedores pelo Sistema de Registro de Preços e a presença de aventureiros que não detêm condições de sustentar sua oferta" (Breves reflexões sobre o Sistema de Registro de Preços: deveres e obrigações da Administração Pública para com o detentor do preço registrado. *Revista Zênite: Informativo de Licitações e Contratos – ILC*, p. 21-25).

1.2.1 Objetos de difícil previsibilidade

A principal vantagem do registro de preços ocorre em relação aos objetos cujos quantitativos sejam de difícil previsibilidade, como ocorre com pneus, peças, combustível, material de expediente, medicamentos, insumos de informática, etc.

Por exemplo, é possível prever quantos pneus a Administração necessitará no curso do exercício financeiro. Entretanto, a previsão pode ser frustrada por uma série de fatores e variáveis que não são controladas pela Administração. Pura e simplesmente, pode ser que os motoristas passem por mais buracos do que costumam passar; serão necessários, pois, mais pneus do que os previstos inicialmente.

Seguindo com o exemplo, num processo de contratação ordinária, a Administração planeja utilizar trezentos pneus ao longo do exercício. Logo, lançará licitação para adquirir trezentos pneus. O vencedor da licitação e a Administração firmarão contrato. O fornecedor, ao assinar o contrato, obriga-se a entregar os trezentos pneus e a Administração a pagar por eles. E assim é feito. Contudo, em setembro, os trezentos pneus adquiridos pela Administração são consumidos; ela não dispõe de mais pneus, sendo necessário adquirir outros cem pneus para cobrir os meses de outubro a dezembro. A Administração terá que lançar nova licitação, outro processo, com todas as suas formalidades e burocracia.

Com o registro de preços é bem diferente. Ainda no exemplo, a Administração estima que necessitará de trezentos pneus ao longo do exercício. Em vez de lançar licitação com o quantitativo de trezentos pneus, ela o fará prevendo quantitativo superior, por suposição, de quatrocentos pneus. Ela procede dessa forma, definindo quantitativo superior a sua real estimativa, porquanto o vencedor da licitação não assinará de imediato contrato. Antes ele assinará a ata de registro de preços. E, repita-se, ao assinar a ata de registro de preços, o vencedor da licitação compromete-se a entregar os quatrocentos pneus, com preço definido para cada pneu, dentro do prazo de validade da ata de registro de preços, que é de até um ano. Ademais, nesse momento, a Administração não assume compromisso algum, ela adquire os pneus se quiser, quando quiser (dentro do prazo de validade da ata) e na quantidade que quiser (desde que não ultrapasse os quatrocentos pneus, salvo hipótese de aditamento da ata de registro de preços).

Ou seja, assinada a ata de registro de preços, a Administração não adquire os quatrocentos pneus de uma vez, nem assume o compromisso de adquiri-los. A Administração adquirirá os pneus gradualmente, de acordo com as suas demandas. No primeiro mês de vigência da ata de registro de preços, dez pneus, noutro trinta pneus, noutro quinze, e assim de acordo com a sua demanda. Se for necessário, durante o prazo de validade da ata, adquirir os trezentos pneus, que corresponde à estimativa inicial da Administração, então ela irá adquirir e pagar pelos trezentos pneus. Se for necessário adquirir somente duzentos e cinquenta pneus, então ela irá adquirir e pagar pelos duzentos e cinquenta pneus. Se a estimativa inicial da Administração, de trezentos pneus, for insuficiente, não haverá problemas, ela poderá, se for o caso, contratar até quatrocentos pneus, que corresponde ao quantitativo total licitado e consignado na ata de registro de preços.

A grande vantagem do registro de preços é que, como a Administração não se obriga a contratar todo o quantitativo previsto no edital de licitação e consignado na ata, ela pode e deve definir quantitativo maior, além da sua real estimativa. Se for necessário contratar mais, ela terá o objeto a sua disposição. Se for necessário contratar menos, não haverá problema. Insista-se, ela contrata se quiser, quando quiser (dentro do prazo de validade da ata de registro de preços) e quanto quiser (desde que não ultrapasse o quantitativo fixado no edital de licitação e consignado na ata de registro de preços).

O registro de preços é ótima medida em relação a objetos de difícil previsibilidade, dado que a Administração pode e deve prever no edital de licitação quantitativo superior a sua real estimativa. Daí, frustrada a estimativa inicial, a Administração disporá ainda de quantitativo, como se fosse uma reserva, podendo contratar o que for necessário sem maiores percalços, sem ter que lançar nova licitação.

Advirta-se que a Administração, conquanto possa e deva estabelecer no edital de licitação quantitativo superior a sua real estimativa, deve fazê-lo com moderação, com bom senso, sob pena de frustrar as expectativas dos seus fornecedores. Se a estimativa da Administração é de adquirir quinhentas unidades, ela não deve estabelecer no edital o quantitativo, por exemplo, de mil ou mais. Isso porque, se ela estabelece o quantitativo de mil unidades, os fornecedores terão a expectativa de contratarem algo próximo a este número, mesmo sabendo que a Administração não está obrigada a fazê-lo. Contudo, imagine-se, a Administração contrata apenas quinhentas unidades. As expectativas dos fornecedores serão frustradas e, talvez, eles sofram prejuízo. É sabido que, em muitos segmentos, por força da economia de escala, o preço de mil unidades é inferior ao preço de quinhentas unidades. Portanto, sugere-se que a Administração estabeleça quantitativo cerca de, no máximo, trinta por cento superior a sua real estimativa, justamente para não frustrar as expectativas dos seus fornecedores.

1.2.2 Controle eficaz dos estoques

Em processo ordinário, que não envolve registro de preços, a Administração lança a licitação, contrata e o fornecedor entrega a ela o objeto licitado em sua inteireza, isto é, todo o quantitativo licitado. A Administração, muitas vezes, não utiliza ou consome este quantitativo de uma vez. Ela o faz gradualmente, aos poucos, de acordo com as suas demandas. Em vista disso, a Administração vê-se obrigada a dispor de estrutura adequada para o armazenamento e para a estocagem dos objetos que lhe são entregues pelos fornecedores, o que pode causar uma série de contratempos e problemas sérios.

Toma-se como exemplo o caso dos medicamentos, que é paradigmático. A Administração lança a licitação exigindo dos licitantes a cotação de duzentas caixas do medicamento X. O vencedor da licitação firma contrato e entrega as duzentas caixas. A Administração as recebe e deve guardá-las em lugar apropriado, devidamente refrigerado, sem umidade, etc. Daí, no ápice do verão, ocorre pane no sistema de refrigeração e, em virtude disso, os medicamentos estragam. Ou, noutra hipótese, a Administração tinha a estimativa de consumir as duzentas caixas do medicamento X em seis meses. Entretanto, por quaisquer motivos, ninguém mais precisa do medicamento X. Eles não são consumidos dentro de seis meses, nem de oito, de nove... Com o tempo, o medicamento X ultrapassa o prazo de validade, tornando-o imprestável, forçando a Administração a inutilizá-lo, jogá-lo fora.

Com o registro de preços esses problemas são minimizados. Veja-se: a Administração lança a licitação para registro de preços prevendo o quantitativo de duzentas e cinquenta caixas do medicamento X. O vencedor da licitação assina a ata de registro de preços, comprometendo-se a entregar as duzentas e cinquenta caixas dentro do prazo de validade da ata, que é de até um ano. A Administração não compra as duzentas e cinquenta caixas de uma só vez. Ela compra aos poucos, de acordo com a sua efetiva demanda. Num momento inicial, ela comprará vinte caixas. Se essas vinte caixas forem consumidas, então ela comprará outras vinte e assim por diante. Isso, evidentemente, reduz os custos da Administração com armazenamento e estocagem, bem como diminui expressivamente os problemas que podem ocorrer em relação a eles.

1.2.3 Controle de qualidade

A Administração enfrenta muitas dificuldades em relação ao controle de qualidade daquilo que é contratado por ela. Ocorre que a Administração, por obediência aos princípios da isonomia e da competitividade, sujeita-se a uma série de restrições no tocante às especificações dos objetos das licitações, bem como em relação a outras medidas usualmente adotadas pela iniciativa privada que asseguram a qualidade dos objetos contratados. A Administração não pode exigir em edital marca específica, não pode definir especificações que sejam reputadas irrelevantes, não pode exigir certificados de qualidade, etc. Por tudo isso, objetos de natureza simples, como uma caneta esferográfica, café, *toner* ou cartucho para impressora, causam transtornos de monta à Administração e, com frequência, impingem a ela prejuízos vultosos.

Cartucho de impressora, por exemplo. A Administração lança licitação ordinária, que não envolve registro de preços, para adquirir duzentos cartuchos de impressora. O vencedor da licitação assina contrato e entrega os duzentos cartuchos de impressora. A Administração recebe e paga o preço correspondente a todos eles. Em seguida, a Administração começa a utilizar os cartuchos de impressora. Passam-se dez ou quinze dias e então se descobre que os cartuchos de impressora são de péssima qualidade, não são compatíveis com as impressoras, a tinta acaba em poucos dias, a impressão é borrada, etc. A essa altura, no entanto, insista-se, a Administração já adquiriu os duzentos cartuchos de impressora e já pagou por eles.

Com o registro de preços é diferente. A Administração não compra os duzentos cartuchos de impressora de uma vez. Ela compra de acordo com as suas demandas. Num momento inicial, depois de assinada a ata, ela adquire trinta cartuchos e paga por eles. Se, passados dez ou quinze dias, a Administração apercebe-se que eles não funcionam, não apresentam a qualidade desejada, ela não compra mais. A Administração, em registro de preços, não é obrigada a comprar o quantitativo consignado na ata. Ela, como visto, compra se quiser.

Nesse caso, a Administração não comprará mais aqueles cartuchos. Ela terá condições de tomar providências, inclusive lançar nova licitação para comprar cartuchos de impressora. Ela, de todo modo, provavelmente, sofrerá prejuízo. Mas prejuízo bem menor, de trinta cartuchos de impressora, não de duzentos. Nesse sentido, o registro de preços é instrumento que, de certa forma, auxilia a Administração no controle da qualidade daquilo que é contratado por ela.

1.2.4 Flexibilidade em relação às regras de duração contratual previstas no artigo 57 da Lei nº 8.666/93

O artigo 57 da Lei nº 8.666/93 prevê regras bastante rígidas em relação à duração dos contratos administrativos. O *caput* do artigo 57 prescreve que a duração dos contratos administrativos é adstrita à vigência do crédito orçamentário, que coincide com o ano civil, isto é, estende-se de 1º de janeiro a 31 de dezembro. Os incisos e parágrafos do artigo 57 preveem exceções a tal regra: a) contratos cujos programas estejam contemplados no plano plurianual (inciso I); b) contratos de prestação de serviços contínuos, que podem ser prorrogados até alcançar sessenta meses (inciso II) e, excepcionalmente, outros doze meses (§4º); c) contratos de aluguel de equipamentos e programas de informática (inciso IV); d) contratos firmados com base nos incisos IX, XIX, XXVIII e XXXI do artigo 24 da Lei nº 8.666/93, cuja vigência pode ser de até 120 (cento e vinte) meses (inciso V); e) e outras situações em que o contratado não consegue cumprir o contrato dentro do prazo avençado por motivo que seja estranho à vontade dele (§1º).

Pois bem, a regra é que a duração dos contratos administrativos não ultrapasse a vigência do crédito orçamentário, ou seja, em termos práticos, que não vá para além de 31 de dezembro. Isso ocorre, por exemplo, com contratos de aquisição ou fornecimento de bens, que não se enquadram em nenhuma das exceções estatuídas nos incisos e parágrafos do artigo 57.

Tome-se como exemplo o contrato de fornecimento de combustíveis. O prazo fatal deste contrato é o dia 31 de dezembro. Isso significa que, antes do dia 31 de dezembro, a Administração é obrigada a concluir licitação, para que ela tenha condições de abastecer os seus veículos no dia 1º de janeiro. E o mesmo acontece com material de expediente, material de limpeza, insumos de informática, etc. Todos eles vencem, no mais tardar, dia 31 de dezembro, o que gera inconvenientes de monta para a Administração e, muitas vezes, algo próximo do caos.

Com o registro de preços esses inconvenientes são atenuados.

Como dito, a ata de registro de preços não se confunde com o contrato. O registro de preços abrange três etapas: licitação, ata de registro de preços e contrato. Encerrada a licitação, o fornecedor assina a ata de registro de preços e, depois disso, de acordo com a demanda da Administração, contratos.

O prazo da ata de registro de preços não se sujeita às regras do artigo 57 da Lei nº 8.666/93, que dizem respeito, diga-se mais uma vez, aos contratos. A duração da ata de registro de preços é de até um ano.

Entretanto, este prazo de um ano não precisa coincidir com o crédito orçamentário. Ou seja, a Administração pode dispor de ata que vá de julho a julho, de março a março, conforme a conveniência dela. Dentro desse prazo, de validade da ata de registro de preços, a Administração poderá firmar vários contratos, de acordo com a sua demanda, que serão regidos, por sua vez, pelo artigo 57 da Lei nº 8.666/93.

Desse modo, a ata de registro de preços de combustíveis não se encerra necessariamente em 31 de dezembro. Ela pode encerrar-se, por exemplo, em 31 de abril. Nesse passo, a Administração pode firmar contrato e abastecer no dia 31 de dezembro e firmar novo contrato e abastecer no dia 1º de janeiro, sem afogadilho, sem maiores contratempos.

E mais, como a ata de registro de preços de combustível encerra-se em 31 de abril, a ata de material de expediente encerra-se, por ilustração, em 31 de maio, a de material de limpeza, em 31 de junho, etc. Ou seja, as atas de registro de preços não precisam nem devem vencer todas na mesma data. Com isso, a Administração consegue organizar-se melhor, trabalhar com mais calma, sem permitir que tudo vença na mesma data, dia 31 de dezembro.

1.3 Legislação sobre registro de preços

O registro de preços não é novidade na legislação brasileira. Ele já havia sido previsto no inciso II do artigo 14 do revogado Decreto-Lei nº 2.300/86, que disciplinava as licitações e os contratos na órbita federal. Com o advento da Lei nº 8.666/93, o registro de preços passou a ser tratado no inciso II do seu artigo 15, cujo texto prescreve que as compras, sempre que possível, deverão ser processadas através de sistema de registro de preços. Outras leis esparsas fazem remissão ao registro de preços. Vale mencionar, pela sua crescente importância, a Lei nº 12.462/11, que disciplina o denominado Regime Diferenciado de Contratações, cujo artigo 32 versa sobre o assunto.[5]

O §3º do artigo 15 da Lei nº 8.666/93 enuncia que o registro de preços deve ser regulamentado por decreto, atendidas as peculiaridades regionais.

---

[5] O Regime Diferenciado de Contratações foi previsto inicialmente para as licitações e contratações da Copa do Mundo de 2014 e eventos correlatos e das Olimpíadas, porém hoje estendido para as licitações e contratos das ações integrantes do Programa de Aceleração do Crescimento – PAC (inciso IV do seu artigo 1º), para as obras e serviços de engenharia no âmbito do Sistema Único de Saúde – SUS (inciso V do seu artigo 1º) e para as obras e serviços de engenharia no âmbito dos sistemas públicos de ensino (§3º do seu artigo 1º).

Pois bem, o Presidente da República, no uso de suas atribuições, editou o Decreto Federal nº 2.743/98, visando regulamentar o registro de preços. Este Decreto foi revogado e substituído pelo Decreto Federal nº 3.931/01. Mais recentemente, em 23 de janeiro de 2013, a Presidente da República editou o Decreto Federal nº 7.892, que entrou em vigor trinta dias após a sua publicação e revogou o seu antecedente, de nº 3.931/01.

Os estados, Distrito Federal e municípios, se quiserem utilizar o registro de preços, devem produzir os seus próprios regulamentos. É comum que os estados, Distrito Federal e municípios adotem regulamentos muito parecidos com o Decreto Federal. É preciso deixar claro que os estados, Distrito Federal e municípios podem editar regulamentos com sistemática e normas bem diferentes da federal. Aliás, é recomendável que o façam, dado que as normas federais apresentam vários problemas.

O §3º do artigo 15 da Lei nº 8.666/93 prescreve, repita-se, que o registro de preços deve ser regulamentado por decreto, o que constitui impropriedade legislativa, porquanto o decreto nem sempre é a espécie de ato adequada.

Ocorre que o decreto é ato administrativo de competência do chefe do Poder Executivo. Entretanto, o chefe do Poder Executivo não agrega competência para editar regulamento que atinja os poderes Judiciário e Legislativo, bem como o Ministério Público, os Tribunais de Contas, as entidades da Administração indireta, especialmente as empresas públicas e as sociedades de economia mista, e as paraestatais, incluindo, aqui, o sistema S, todos dotados de autonomia administrativa. Portanto, todos eles gozam de competência para editarem os seus próprios regulamentos sobre registro de preços, sem que devam qualquer obediência hierárquica a decreto do chefe do Poder Executivo. O chefe do Poder Executivo exerce poder hierárquico somente sobre a Administração direta do Poder Executivo.

Daí que somente os órgãos da Administração direta do Poder Executivo é que estão sujeitos aos decretos. Assim, no âmbito dos demais poderes e das entidades supracitadas, o registro de preços também deve ser regulamentado, no entanto não o será por meio de decreto, que, repita-se, é ato privativo do Chefe do Poder Executivo. Neles, o regulamento será formalizado por meio de resoluções, portarias, etc., de acordo com as estruturas e as normas internas de cada qual.

Malgrado, o artigo 1º do Decreto Federal nº 7.892/13, do mesmo modo que fazia o artigo 1º do Decreto Federal nº 3.931/01, enuncia que ele incide sobre a Administração direta federal, autarquia, fundações, fundos especiais, empresas públicas, sociedades de economia mista e demais entidades controladas direta ou indiretamente pela União. Nesse sentido, o Decreto Federal rompe e ultrapassa os limites da sua competência, pretendendo usurpar a autonomia e a competência da Administração indireta e das paraestatais.

Noutro tópico, o regulamento do registro de preços, não importa se decreto ou outra espécie de ato, deve obediência ao princípio da legalidade, pedra de toque do Direito Administrativo.

A respeito do assunto, cabe remeter ao inciso II do artigo 5º da Constituição Federal, cujo texto prescreve que ninguém será obrigado a fazer ou deixar de fazer alguma coisa senão em virtude de lei. Ao lado dele, o *caput* do artigo 37, também da Constituição Federal, prescreve à Administração Pública o princípio da legalidade. Na mesma linha, o inciso IV do artigo 84 da Carta Magna dispõe que "compete privativamente ao Presidente da República: sancionar, promulgar e fazer publicar as leis, bem como *expedir decretos e regulamentos para sua fiel execução*" (grifos nossos).

Em outras palavras, somente a lei pode obrigar alguém a fazer ou deixar de fazer alguma coisa; somente ela é quem pode criar primariamente direito. Os decretos e regulamentos estão sempre abaixo dela: servem apenas para dizer como elas devem ser cumpridas, operacionalizadas pela Administração Pública. Os decretos e regulamentos não criam direitos, apenas dizem como eles devem ser executados pela Administração Pública e, no máximo, determinam como os cidadãos devem cumprir as suas obrigações, criadas por lei, perante a mesma Administração Pública.

Nota-se diferença de grau hierárquico entre a lei e o regulamento, na medida em que a lei é superior ao regulamento. Nesse sentido, se decreto ou regulamento contraria lei, é ilegal, portanto, deve ser invalidado. Além disso, de todo modo, há normas jurídicas que não podem ser baixadas através de decretos ou regulamentos, mesmo que não sejam contrárias a leis, dado que os mesmos não podem, repita-se, criar primariamente direitos, mas tão só estabelecer como eles devem ser cumpridos. Noutras palavras, há questões que, sob pena de serem reputadas inconstitucionais, não podem ser objeto de decreto e de regulamento; dependem de lei.

Em síntese: se decreto ou regulamento sobre registro de preços contraria lei, é ilegal; se decreto ou regulamento sobre registro de preços inova a ordem jurídica, criando primariamente direitos e obrigações, de maneira autônoma à lei, é inconstitucional. Aos decretos e regulamentos cabem, por força do inciso IV do artigo 84 da Constituição Federal, enunciar como as normas legais devem ser executadas pela Administração Pública. Infelizmente, o Decreto Federal nº 7.892/13 e grande parte dos regulamentos existentes sobre registro de preços opõem-se à lei, portanto, são ilegais. Infelizmente, também, eles inovam a ordem jurídica e, nessa toada, são inconstitucionais.

O presente estudo analisará o registro de preços a partir da Lei nº 8.666/93 e do Decreto Federal nº 7.892/13. Isso não significa que se admita, sequer por suposição, qualquer prevalência da União sobre os estados, Distrito Federal e municípios, bem como do Executivo sobre os demais poderes. Trata-se de opção meramente didática, porquanto o Decreto Federal é utilizado amplamente em âmbito federal, o que significa dizer que é o mais utilizado do país. Por outro lado, seria inviável analisar todos os regulamentos produzidos pelos estados, Distrito Federal, municípios, Poder Judiciário, Poder Legislativo, tribunais de contas, Ministério Público, paraestatais, que somam centenas ou milhares.

1.4 Cabimento do registro de preços

O registro de preços foi previsto na parte da Lei nº 8.666/93 que trata das compras. A rigor, o inciso II do artigo 15 da Lei nº 8.666/93 prescreve que as compras, sempre que possível, deverão ser processadas através de sistema de registro de preços. Portanto, a ideia inicial era que o registro de preços somente poderia ser utilizado em relação às compras.

Entretanto, pouco a pouco, as pessoas foram utilizando o registro de preços, acumulando experiência, e aperceberam-se de que ele poderia ser utilizado perfeitamente em relação a outras espécies de contratos, sobretudo em relação aos serviços. Este entendimento prevaleceu no Decreto Federal nº 3.931/01, cujo inciso I do parágrafo único do artigo 1º pontua que o *sistema de registro de preços é conjunto de procedimentos para registro formal de preços relativos à prestação de serviços e aquisição de bens, para contratações futuras*. Essa é a mesmíssima redação do inciso I do artigo 2º do Decreto Federal nº 7.892/13.

Portanto, entende-se que o registro de preços cabe em relação a outros objetos afora as compras. Como visto, o próprio Decreto Federal nº 7.892/13 autoriza que ele seja utilizado em relação aos serviços. Além deles, ainda é permitido utilizar o registro de preços de modo amplo para todos os objetos que sejam compatíveis com a sua sistemática, abrangendo locação de bens móveis, licenciamento de programas de informática, obras e serviços de engenharia, etc.

Houve, de fato, ampliação do universo de objetos que admitem a utilização do registro de preços, o que desperta questionamento de ordem legal. Explicando melhor, o artigo 15 da Lei nº 8.666/93 prescreve que as compras, sempre que possível, deverão ser processadas por meio de registro de preços. A Lei nº 8.666/93 não autoriza que os serviços e outros objetos também sejam processados por registro de preços. Então, poder-se-ia arguir que, por força do princípio da legalidade, somente as compras poderiam ser objeto do registro de preços e não outros objetos.

Esse raciocínio não merece prosperar. Não se deve apegar à interpretação literal; deve-se, ao contrário, recorrer à interpretação sistêmica. O registro de preços é previsto na Lei nº 8.666/93, que oferece suas linhas mestras, apresentando-se como excelente instrumento para o gerenciamentos das contratações públicas. Utilizar o registro de preços em relação a outros objetos afora as compras é medida que somente contribui para a eficiência, sem produzir qualquer rusga em relação a qualquer outro princípio jus-administrativo. Se o registro de preços é legítimo em relação às compras, é legítimo em relação a todos os demais objetos que se harmonizarem a sua sistemática. A propósito, o intérprete, com o mínimo de experiência com a Lei nº 8.666/93, sabe perfeitamente que o legislador não atentou a aspectos de ordem sistêmica. Aliás, por toda a Lei, há exemplos fartos do contrário. Logo, insista-se, não se deve apegar em detalhes de ordem literal e fazer um cavalo de batalha acerca do fato de o registro de preços ter sido posto na parte da Lei destinada às compras, frustrando a possibilidade de aplicá-lo, com muito sucesso, no tocante a outros objetos.

De mais a mais, o artigo 11 da Lei nº 10.520/02 admite a utilização do registro de preços para a contratação de bens e serviços comuns. Logo, ainda que se siga interpretação mais conservadora, apegada à literalidade da lei, o registro de preços é cabível também para os serviços porque a Lei nº 10.520/02 o admite expressamente, com todas as letras.

A propósito, a 2ª Turma do Superior Tribunal de Justiça reconheceu a legalidade da adoção do registro de preços para os serviços no Recurso no Mandado de Segurança nº 15.647, em acórdão relatado pela Ministra Eliana Calmon.

O Tribunal de Contas da União defende a mesma posição. A título ilustrativo, leia-se voto do Ministro Valmir Campello:

> Entendo, na mesma linha defendida pelo Ministério Público, que o Decreto nº 3.931/2001 não se mostra incompatível com a Lei nº 8.666/93 no que tange à utilização do registro de preços tanto para serviços como para compras. Ademais, o art. 11 da Lei nº 10.520/2002 admite a

utilização do sistema de registro de preços previsto no art. 15 da Lei de Licitações nas contratações de bens e serviços comuns.

O parecer do Parquet ilustra esse ponto com abalizada doutrina que interpreta o sistema normativo de modo a demonstrar a compatibilidade entre o registro de preços e os contratos de prestação de serviços, consoante transcrito no Relatório que antecede este Voto. Ademais, lembra o ilustre Procurador que em diversos julgados o Tribunal expediu determinações/recomendações com a finalidade de estimular a utilização da sistemática de registro de preços por parte dos órgãos da Administração Pública.[6]

Em síntese, a utilização do registro de preços em relação aos serviços é questão assentada, sendo, hoje, admitida pela própria Lei nº 10.520/02, pelo Decreto Federal nº 7892/13, por praticamente a totalidade da doutrina e pela jurisprudência.

O registro de preços é medida que contribui para a eficiência que se compatibiliza perfeitamente ao conjunto de princípios jus-administrativos, revelando-se vantajoso para a Administração. Dentro desse quadro, o uso do registro de preços deve ser ampliado, estendendo-o para todos os objetos que se harmonizem a sua sistemática. É permitido utilizar o registro de preços sempre que o objeto que se pretende licitar e contratar seja viável, não importa se compra, serviço ou o que seja. Cabe o registro de preços para tudo o que for padronizado, que apresentar as mesmas especificações, variando apenas a quantidade.

Em que pese à utilização ampla que deve ser dada ao registro de preços, o artigo 3º do Decreto Federal nº 7.892/13 prescreve o seguinte:

> Art. 3º O Sistema de Registro de Preços poderá ser adotado nas seguintes hipóteses:
>
> I - quando, pelas características do bem ou serviço, houver necessidade de contratações frequentes;
>
> II - quando for conveniente a aquisição de bens com previsão de entregas parceladas ou contratação de serviços remunerados por unidade de medida ou em regime de tarefa;
>
> III - quando for conveniente a aquisição de bens ou a contratação de serviços para atendimento a mais de um órgão ou entidade, ou a programas de governo; ou
>
> IV - quando, pela natureza do objeto, não for possível definir previamente o quantitativo a ser demandado pela Administração.

---

[6] Tribunal de Contas da União. Acórdão nº 1.487/2007. Órgão julgador: Plenário. Rel.: Valmir Campelo. Data do Julgamento: 1º.08.2007.

O artigo 3º do Decreto Federal nº 7.892/13 enuncia que o registro de preços "poderá ser adotado" nas hipóteses listadas nos seus quatro incisos. Convém advertir que o enunciado não deve ser interpretado de maneira restritiva, de modo que o registro de preços somente poderia ser utilizado nas situações referidas nos incisos. Como já salientado, o registro de preços deve ser empregado de maneira ampla, desde que os objetos que se pretenda licitar ou contratar sejam compatíveis com a sistemática do registro de preços, o que deflui das Leis nº 8.666/93 e nº 10.520/02, bem como do próprio inciso I do artigo 2º do Decreto Federal nº 7.892/13, cujo texto oferece definição de registro de preços e prescreve que a sua utilização pode ocorrer para a contratação de bens e serviços, sem qualquer tipo de restrição prévia.

Assim sendo, a norma que se extrai do artigo 3º do Decreto Federal nº 7.892/13 é no sentido de que nas hipóteses referenciadas nos seus incisos o uso do registro de preços é recomendado. A bem da verdade, os incisos listam hipóteses para as quais o registro de preços é vocacionado.

Por exemplo, na hipótese do inciso I, se a Administração precisa de bem ou serviço de maneira frequente, ou seja, a demanda apresenta-se de tempo em tempo, o registro de preços é apropriado. Ora, a Administração registrará na ata quantidade daquele bem ou serviço estimada para um ano e, durante esse prazo, quando surgir a demanda, ela realizará as contratações.

O inciso II traz hipótese parecida, relativa às aquisições com entregas parceladas, como ocorre com bens utilizados cotidianamente pela Administração, material de expediente, limpeza, etc.

O inciso II também trata de serviços remunerados por unidade de medida, o que diz muito pouco, porquanto em regra os serviços são contratados por unidade de medida, consectário da obrigação de definir quantitativos, conforme a regra do §4º do artigo 7º da Lei nº 8.666/93. Quer-se dizer que a Administração, em regra, precisará de uma unidade de medida, qualquer que seja, para definir ou, ao menos, estimar o quantitativo do serviço a ser contratado.

Ainda, o inciso II dispõe que o registro de preços deve ser utilizado nas situações em que a contratação seguir o regime de tarefa, que se encontra previsto na alínea "d" do inciso VIII do artigo 6º da Lei nº 8.666/93, "quando se ajusta mão-de-obra para pequenos trabalhos por preço certo, com ou sem fornecimento de materiais". Este regime de tarefa, conquanto preceituado na legislação, foi praticamente abandonado pela Administração, que não costuma utilizá-lo.[7]

O inciso III prescreve a utilização do registro de preços para objetos que serão destinados a mais de um órgão ou entidade. Como será mais bem explicado adiante, o Decreto Federal nº 7.892/13 versa sobre procedimento por meio do qual mais de um órgão ou entidade promovem licitação conjunta, permitindo que a mesma ata de registro de preços favoreça ou gere contratos para mais de um órgão ou entidade. O Decreto Federal, claramente, pretende incentivar ou mesmo obrigar tal procedimento, inclusive como meio para aproveitar a economia de escala.

Por fim, o inciso IV do artigo 3º do Decreto Federal nº 7.892/13 prevê a hipótese em que a Administração não consegue prever exatamente o quantitativo que necessitará. Esta é a hipótese em que o registro de preços apresenta maior utilidade, na medida em que a Administração registra o preço de quantidade meramente estimada, contratando, posteriormente, apenas o que for verdadeiramente necessário.

---

[7] Renato Geraldo Mendes esclarece o conceito de "tarefa":
"A tarefa foi definida na alínea 'd' do inc. VIII do art. 6º da Lei nº 8.666/93 como o regime de empreitada em que se ajusta a mão-de-obra para pequenos trabalhos por preço certo, com ou sem fornecimento de materiais.
É possível afirmar, então, que não há diferença substancial entre a tarefa e a empreitada por preço global, sendo que o que distingue uma da outra é apenas a dimensão e complexidade do encargo a ser executado. Na tarefa temos um pequeno encargo, e na empreitada por preço global temos, normalmente, um encargo de maior monta ou expressão. Tanto num regime como no outro, é possível tanto contratar apenas a mão-de-obra (o serviço propriamente dito) e fornecer os insumos e materiais a serem empregados ou conjugar as duas coisas.
O que não se pode é contratar apenas o fornecimento, porque aí não se poderá mais falar em obra ou serviço de engenharia, por exemplo. Se o ajuste envolver apenas o fornecimento de bens, estaremos diante de compra. Logo, o encargo será representado por uma obrigação de dar e não de fazer, como é o caso da obra de engenharia.
A tarefa é uma atividade ou trabalho que envolve um encargo simples e de execução rápida e pontual. Normalmente, a tarefa é utilizada para atividades destituídas de complexidade técnica e que compreendem serviços técnicos comuns, tais como: serviço de pintura, restauração de reboco de uma parede, etc. Como o material a ser empregado tanto pode ser fornecido pela Administração como pelo próprio empreiteiro, deverá a Administração definir o que compreenderá o encargo, para que o interessado possa definir a sua remuneração" (Os regimes de empreitada na Lei nº 8.666/93. *Revista Zênite: Informativo de Licitações e Contratos – ILC*, p. 166).

1.4.1 Registro de preços para obras e serviços de engenharia

Dentro dessa perspectiva, de ampliar a incidência do registro de preços, defende-se a tese de que ele seja utilizado para obras e serviços de engenharia, desde que compatíveis com a sua sistemática.

Como dito, o registro de preços deve ser utilizado para objetos padronizados, com as mesmas características, cuja variável reside na quantidade. A ideia é que o fornecedor registre o preço de uma unidade, dispondo-se a executar várias delas, de acordo com as demandas da Administração. Se houver obra e serviço de engenharia com esse perfil, é perfeitamente cabível o registro de preços.

Por exemplo, a Administração precisa contratar alguém para instalar cabos em rede de telecomunicação, o que se qualifica como obra ou serviço de engenharia. É perfeitamente possível que ela promova registro de preços, definindo como unidade um metro de cabo instalado e prevendo quantitativo total, por suposição, de dez mil metros. A empresa vencedora da licitação assina a ata de registro de preços, comprometendo-se a instalar os dez mil metros de cabo ao preço de R$XX o metro. Depois de assinada a ata, a Administração contrata a instalação dos cabos de acordo com a sua efetiva demanda. Não há razões plausíveis para recusar o registro de preços em operação desse naipe, que envolve, a todas as luzes, engenharia.

Na mesma senda, é permitido utilizar o registro de preços para contratar serviços de manutenção ou conservação de rodovias, as chamadas operações *tapa buracos*, manutenção de bens imóveis, instalação de rede, etc.

Por outro lado, se a Administração pretende contratar alguém para lhe construir um prédio, não cabe o registro de preços, porque o referido objeto não se harmoniza a sua sistemática. Nesse caso, a unidade de medida é o prédio inteiro, que é único. Daí que não faz sentido recorrer ao registro de preços, porquanto não há o que ser registrado.

Da mesma forma, em regra, não caberia o registro de preços ainda que se tratasse da construção de casas populares padronizadas. Sucede que a construção das casas depende das características do terreno, do solo, etc., e, portanto, mesmo que elas sejam padronizadas, apresentam características diferentes que repercutem no preço. A bem da verdade, o registro de preços seria possível, ainda que excepcionalmente, somente se as casas populares tivessem a mesmíssimas características, sem qualquer variação, o que parece muito difícil de ocorrer. Daí, nessa situação excepcional, seria possível registrar, por exemplo, cem casas populares e contratá-las de acordo com as necessidades e a disponibilidade da Administração.

Ricardo Alexandre Sampaio também é a favor da utilização do registro de preços para obras e serviços de engenharia. No entanto, faz as seguintes advertências:

> Como se sabe, cada obra ou serviço de engenharia, previamente à sua contratação, deve contar com o respectivo projeto básico, no qual conste o conjunto de elementos necessários e suficientes, com nível de precisão adequado, para caracterizar a obra ou o serviço, elaborado com base nas indicações dos estudos técnicos preliminares, assegurando a viabilidade técnica e o adequado tratamento do impacto ambiental do empreendimento, e que possibilite a avaliação do custo da obra e a definição dos métodos e do prazo de execução.

Trata-se, portanto, de um estudo individualizado voltado ao planejamento e ao atendimento das condições específicas de cada obra ou serviço de engenharia. Por isso, no mais das vezes, não é viável replicar a execução de obras ou serviços de engenharia com base no mesmo projeto básico. Cada situação envolve elementos e condicionantes peculiares, que determinam a necessidade de elaborar um novo e específico projeto.

A construção do mesmo projeto de edifício em locais distintos pode demandar adaptações que alterem completamente aspectos estruturais dessa obra, a depender das condições do solo verificadas em cada local, por exemplo.

O mesmo ocorre com o orçamento detalhado em planilhas que expressem a composição de todos os seus custos unitários da obra ou do serviço de engenharia. A apuração dos custos deve considerar as peculiaridades que envolvem a execução de cada projeto. Consequentemente, a alteração do projeto promoverá impacto direto no orçamento.

Por conta dessas condicionantes, indica-se como requisito específico para adoção do registro de preços para a contratação de obras e serviços de engenharia a necessidade de o objeto a ser licitado poder ser realizado sem qualquer alteração no seu projeto básico ou na sua planilha de preços estimados.

A Administração deve aferir de forma indispensável a possibilidade de as diversas contratações que serão feitas a partir da ata serem executadas nas mesmas condições indicadas inicialmente no projeto básico. Do contrário, se a cada contratação for preciso elaborar um novo ou mesmo alterar o projeto básico existente, ficará impossibilitada a adoção do registro de preços, uma vez que, nessa hipótese, a exigência da Lei nº 8.666/93 que impõe a prévia elaboração do projeto básico como condição para a instauração e o processamento da licitação restaria prejudicada. O mesmo ocorreria com a planilha de custos estimada.[8]

O que se pretende é abrir as portas do registro de preços, sem excluir a utilização dele de antemão e de modo abstrato em relação a obras e serviços de engenharia. Deve-se permitir que a Administração analise as especificidades de cada caso concreto e avalie se o registro de preços é a melhor medida ou não, inclusive para obras e serviços de engenharia.

O Tribunal de Contas da União, em sentido oposto, entendeu que o registro de preços não deve ser utilizado em relação às obras. Leia-se trecho do voto do Ministro Benjamin Zymler:

> Com efeito, observo que o aludido Decreto, que regulamentou no âmbito federal a aplicação do SRP, permite sua utilização para a contratação de serviços, conforme consta do seu art. 1º, *caput*, e ainda, possibilitou o emprego da modalidade pregão para tal finalidade (art. 3º). Além disso, impende frisar que a Lei nº 10.520, de 2002, também autoriza aludido procedimento no seu art. 11, cujos termos convém reproduzir:
>
> "Art. 11. As compras e contratações de bens e serviços comuns, no âmbito da União, dos Estados, do Distrito Federal e dos Municípios, quando efetuadas pelo sistema de registro de preços previsto no art. 15 da Lei nº 8.666, de 21 de junho de 1993, poderão adotar a modalidade de pregão, conforme regulamento específico".
>
> Assim, de minha parte, também acompanho o entendimento adotado na Decisão/TCU-Plenário nº 668/2005, pela possibilidade da utilização do SRP para a contratação de serviços comuns. Outrossim, reputo oportuno destacar a impossibilidade de utilização do SRP para a contratação de obras e serviços considerados não comuns, por falta de previsão legal, bem como a necessidade de serem atendidas as hipóteses previstas no art. 2º do Decreto nº 3.931/2001, no caso de se adotar o referido procedimento.
>
> Nessas circunstâncias, tenho que o SRP seria inaplicável à presente situação, vez que o objeto da licitação consiste, em realidade, na contratação de empresa para execução de obras de engenharia. Assim, considero de bom alvitre expedir determinação à Eletroacre para que observe as condições previstas nos incisos do art. 2º do Decreto nº 3.931/2001 para a

---

[8] SAMPAIO. Aplicação do Sistema de Registro de Preços para a contratação de obras e serviços de engenharia: breves apontamentos. *Revista Zênite: Informativo de Licitações e Contratos – ILC*, p. 59.

utilização do SRP, bem como a falta de previsão legal para a contratação de obras, por meio dessa sistemática.[9]

Discorda-se do entendimento do Tribunal de Contas da União. Em interpretação sistêmica, o registro de preços pode ser perfeitamente utilizado para objetos que não sejam de natureza comum, haja vista que, afora o disposto no artigo 11 da Lei nº 10.520/02, ele encontra previsão na Lei nº 8.666/93. O artigo 11 da Lei nº 10.520/02 prescreve que o registro de preços processado por meio da modalidade pregão limite-se aos bens e serviços comuns. No entanto, a Lei nº 8.666/93 não condiciona o uso do registro de preços aos objetos de natureza comum.

Nesse passo, o §1º do artigo 7º do Decreto Federal nº 7.892/13 permite que o registro de preços seja precedido de licitação na modalidade concorrência do tipo técnica e preço. Como sabido, o tipo técnica e preço não é utilizado para objetos comuns, ao contrário, somente, em regra, para serviços de natureza predominantemente intelectual, a teor do que dispõe o *caput* do artigo 46 da Lei nº 8.666/93.

Ademais, não se deve proceder à interpretação apegada à literalidade, quer da Lei nº 10.520/02, quer da Lei nº 8.666/93, e menos ainda do Decreto Federal nº 3.931/01. A interpretação deve ser sistêmica, sob as luzes dos princípios que informam o Direito Administrativo e as licitações públicas, devendo-se analisar as especificidades de cada caso.

Menciona-se, por oportuno, que o Acórdão supracitado opõe-se ao uso do registro de preços em relação apenas às obras. Ele não veda o uso do registro de preços para a contratação de serviços de engenharia. Nessa toada, fica a impressão de que, para o Acórdão supracitado, obra é sempre incomum e o serviço de engenharia pode ser comum ou incomum. Essa distinção não é procedente, porque é possível, em tese, obra de engenharia comum.

Aliás, não é de bom alvitre estabelecer efeitos jurídicos diferenciados com base na distinção entre obra e serviço de engenharia, que é algo muito tênue.

Mais recentemente, o Tribunal de Contas da União prolatou acórdão em que reputa ilegal o emprego de registro de preços para a contratação de projetos de engenharia. Leia-se:

Relatório

Observa-se que o principal motivo que o [...] alegou para a adoção do SRP seria a impossibilidade de identificar, previamente, o quantitativo

---

[9] Tribunal de Contas da União. Acórdão nº 296/2007. Órgão julgador: Segunda Câmara. Rel.: Benjamin Zymler. Data do Julgamento: 06.03.2007.

que satisfará a necessidade administrativa. No entanto, considera-se que o SRP é adequado àquelas compras e serviços mais simples e rotineiros, ou seja, que podem ser individualizados por meio de descrição simplificada e sucinta, sem complexidades, o que não se verifica na pretensa contratação, cujo escopo tratava de serviços técnicos especializados.

A elaboração de um projeto de engenharia e arquitetura envolve alta atividade intelectual e resulta em produto único, não passível de repetição. Sendo assim, justamente por ser especializado, o projeto de um órgão dificilmente pode ser replicado para outro. [...]

Voto

No que se refere à utilização de sistema de registro de preços (SRP) para contratar obras ou projetos de engenharia, a equipe sustenta que não há amparo no art. 2º do Decreto nº 3.931/2001. Nesse sentido, cita precedente deste Tribunal (Acórdão 296/2007-TCU – 2ª Câmara), entre outros.[10]

Muitos órgãos e entidades administrativas vêm utilizando com sucesso o registro de preços para a contratação de projetos. Costuma-se registrar o preço por metro quadrado de projeto, separando projetos de diversos tipos e categorias. O mercado tradicionalmente formula preço por metro quadrado. Portanto, a utilização do registro de preços cai como luva.

Ademais, o registro de preços para projetos de engenharia é bastante conveniente para a Administração, porque empresta celeridade aos projetos. Ora, quando surge a necessidade de uma obra, tem-se que preparar o projeto, muitas vezes contratado com terceiros. E, portanto, antes do projeto, é necessária a licitação do projeto, o que consome meses. Adotando-se o registro de preços, licita-se o projeto previamente. Daí que, surgindo a necessidade da obra, suprime-se a fase da licitação do projeto, já realizada previamente.

Mais uma vez, no entanto, o Tribunal de Contas da União apontou restrições de maneira equivocada, especialmente porque afirma que os serviços a serem objetos de registro de preços devem ser comuns ou simples. Ora, não há qualquer norma que condicione a utilização do registro de preços a bens comuns e simples. Coisa do gênero, com fortes ressalvas, existe apenas na legislação do pregão, na Lei nº 10.520/02, que trata de assunto diferente. Veja-se, nesse passo, que o §1º do artigo 7º do Decreto Federal nº 7.892/13 permite que a licitação para a promoção

---

[10] Tribunal de Contas da União. Acórdão nº 2.006/2012. Órgão julgador: Plenário. Rel.: Weder Oliveira. Data de Julgamento: 1º.08.2012.

de registro de preços seja julgada pelo critério da técnica e preço, que pressupõe justamente que o objeto guarde elevada complexidade técnica. Portanto, o argumento do Tribunal de Contas da União não encontra amparo na legislação, a rigor é contrário à legislação.

De toda sorte, não há razão para excluir de antemão obras e serviços de engenharia da incidência do registro de preços. Não se propõe que obras e serviços de engenharia sejam contratados, sempre ou em regra, através do registro de preços, haja vista que, em muitos casos, se revestem de complexidade e singularidade. Todavia, como é sabido, há obras e serviços de engenharia em larga medida uniformes, com características absolutamente padronizadas, pelo que nada obsta o uso do registro de preços em relação a elas.

1.4.2 Registro de preços para bens e serviços de informática

O parágrafo único do artigo 2º do já revogado Decreto Federal nº 3.931/01 prescreve que *poderá ser realizado registro de preços para contratação de bens e serviços de informática, obedecida a legislação vigente, desde que devidamente justificada e caracterizada a vantagem econômica.* O Decreto Federal nº 7.892/13, atualmente vigente, não faz referência específica aos bens e serviços de informática. Sem embargo, não é por isso que se autoriza supor que bens e serviços de informática não podem ser contratados por meio de registro de preços. Muito ao contrário, por certo o atual Decreto não fez referência específica porque se entendeu desnecessária, na medida em que a matéria não encontra controvérsia na Administração Pública.

A bem da verdade, não haveria razões para se cogitar o contrário, que bens e serviços de informática não poderiam ser contratados por meio de registro de preços. Como dito, atualmente é reconhecido que o registro de preços pode ser utilizado para a contratação de bens, serviços e outros objetos, desde que compatíveis com a sua sistemática. E, evidentemente, a contratação de bens e serviços de informática, em larga medida, é adequada ao registro de preços.

A intenção do Presidente da República, à época do Decreto Federal nº 3.931/01, talvez tenha sido esclarecer melhor a questão, afastando categoricamente qualquer linha de interpretação que pudesse aportar em sentido contrário. Entretanto, como a prática é amplamente admitida e não sofre questionamentos, o Decreto Federal nº 7.892/13 preferiu não veicular prescrição expressa.

1.4.3 Objetos que não admitem a utilização do registro de preços

O registro de preços deve ser utilizado para objetos padronizados, com as mesmas características, cuja variável reside na quantidade. A ideia é que o fornecedor registre o preço de uma unidade, dispondo-se a executar várias delas, de acordo com as demandas da Administração. Qualquer objeto que se conforme a essa sistemática pode ser contratado por meio de registro de preços.

Nesse contexto, não se deve enveredar esforços para excluir de antemão e de modo abstrato determinados objetos da incidência do registro de preços. Melhor deixar que a Administração analise cada caso segundo suas especificidades.

Entretanto, há alguns objetos que, por sua própria natureza, não se compatibilizam, mesmo de antemão e de modo abstrato, com a textura do registro de preços. É o caso, por exemplo, de contratos de delegação de serviços públicos, de permissão ou concessão de direito real de uso de bem público, de locação de imóveis e outros que não tenham características padronizadas. Se o objeto reveste-se de natureza, de certa forma, singular, não se admite o registro de preços. O registro de preços pressupõe que a única variável em relação ao objeto registrado resida na quantidade. A qualidade, as características, devem ser as mesmas.

LICITAÇÃO PARA REGISTRO DE PREÇOS

EDGAR GUIMARÃES

2.1 Planejamento da licitação para registro de preços

Em sentido amplo é possível afirmar que *planejamento* é um processo que visa determinar a direção a ser seguida para se alcançar determinado resultado.

A sua utilização possibilita a percepção da realidade fática de certa situação, a avaliação das alternativas e dos possíveis caminhos a serem trilhados. Trata-se de um processo de avaliação e deliberação prévia que organiza e racionaliza ações, antevendo resultados, e que tem por escopo atingir, da melhor forma possível, os objetivos predefinidos.

Muitas de nossas ações cotidianas são executadas mediante a implementação de um processo de planejamento. Com muita ou pouca intensidade, isso se passa na vida privada de todos os cidadãos que integram uma sociedade, desde o mais simples trabalhador até o mais alto executivo.

Essa realidade desenhada também está presente na seara pública. O planejamento, no âmbito da Administração Pública, apresenta-se como ferramenta indispensável à concretização das atividades da máquina estatal que visam ao atingimento do interesse público.

Em sede de licitações não poderia ser diferente. Qualquer certame licitatório não pode prescindir de um estudo preliminar para sua instauração. Dada a sua importância, é possível sustentar que se trata de fator determinante para o sucesso ou fracasso da competição e da própria contratação almejada. A sua ausência, inadequação ou inexatidão podem projetar reflexos desastrosos à contratação pretendida. A propósito, esta preocupação já foi objeto de manifestação do Tribunal de Contas da União, conforme decisões assim encontradas:

TCU – Acórdão nº 1.711/2010 – 2ª Câmara
Assunto: LICITAÇÕES. DOU de 23.04.2010, S. 1, p. 162. Ementa: determinação à [...] para que procure planejar melhor suas licitações, de modo a somente lançar edital após haver certeza quanto às especificações dos bens a serem adquiridos em face das reais necessidades que motivaram a intenção de contratá-los, a fim de evitar riscos de aquisição de bens com especificações excessivas, desnecessárias e que causem injustificada elevação dos custos, mormente quando há alternativas que privilegiem o atendimento às demandas desse órgão e de seus programas sem perder de vista o princípio da economicidade, evitando-se, assim, situações como a verificada em um pregão de 2009, cuja especificação culminou na estimativa de preço tão elevada que necessitou ser revogado para o lançamento de novo certame com redução do preço estimado em setenta por cento.

TCU – Acórdão nº 1.120/2010 – 2ª Câmara
Assuntos: EVENTO e REGISTRO DE PREÇOS. DOU de 26.03.2010, S. 1, p. 136. Ementa: determinação ao [...] para que, previamente à licitação com objeto de registro de preços para os serviços de organização de eventos, evidencie no processo que resultará na licitação: a) o planejamento técnico e financeiro adequado, com a metodologia utilizada para estimativa dos eventos e dos itens e quantitativos necessários para sua realização, e, se for o caso, com a apresentação de histórico de eventos realizados pelo MDS, de forma a fundamentar a efetiva necessidade da extensão do objeto a ser licitado; b) o método utilizado para cotação dos custos com pessoal (coordenadores, intérpretes, tradutores, etc.), bem como eventual inclusão dos custos com encargos previdenciários e trabalhistas, ou previsão de pagamento de encargos fiscais nos valores estipulados; c) os estados utilizados como referência para o parâmetro de outras unidades da federação, que não o Distrito Federal, na elaboração do orçamento estimativo.

Impende anotar que a Instrução Normativa nº 02/2008[11] deu especial realce à figura do planejamento, prescrevendo em seu artigo 2º o seguinte regramento:

---

[11] A Instrução Normativa nº 02/2008 disciplina a contratação de serviços, continuados ou não, por órgãos ou entidades integrantes do Sistema de Serviços Gerais (SISG).

Art. 2º As contratações de que trata esta Instrução Normativa deverão ser precedidas de planejamento, em harmonia com o planejamento estratégico da instituição, que estabeleça os produtos ou resultados a serem obtidos, quantidades e prazos para entrega das parcelas, quando couber.

Assim, em razão das peculiaridades e especificidades que norteiam o registro de preços, a licitação a ser instaurada para esta finalidade específica não foge à regra. Esse tipo de certame licitatório deve ser cuidadosamente estruturado e planejado.

2.1.1 Fases da licitação

Classicamente o procedimento licitatório divide-se em duas fases, uma interna e outra externa. Na fase interna são praticados todos os atos necessários e preparatórios para o desencadeamento da competição, ao passo que, na fase externa, tem-se a concreta e material competição entre os interessados, com a apresentação dos respectivos envelopes, fase de habilitação, julgamento e classificação de propostas, entre outros procedimentos.

Inobstante o silêncio do regime jurídico das licitações acerca dos atos a serem praticados na fase interna e da fixação de uma ordem sequencial rígida, interpretando sistematicamente a lei é possível inferir que é justamente nesta etapa que o planejamento se apresenta como fator de fundamental importância para a competição.

Além dos atos comumente praticados nesta oportunidade, a licitação para registrar preços exige algumas providências próprias voltadas ao atingimento deste desiderato.

2.1.2 Especificidades da fase preparatória da licitação para registro de preços

Inobstante as providências administrativas voltadas às autorizações, definição do objeto, elaboração e aprovação das minutas dos editais, a licitação que tem por escopo registrar preços apresenta algumas providências administrativas próprias que devem ser tomadas nesta etapa e que estão intimamente ligadas ao planejamento do certame.

O Decreto Federal nº 7.892/13 instituiu o procedimento denominado de Intenção de Registro de Preços (IRP), a ser operacionalizado por módulo do Sistema de Administração e Serviços Gerais (SIASG), que deverá ser utilizado pelos órgãos e entidades integrantes do Sistema de Serviços Gerais (SISG), para registro e divulgação dos itens a serem licitados. Desde que inviável e devidamente justificada, a divulgação para registro de preços poderá ser dispensada.[12]

A bem da verdade esta figura (Intenção de Registro de Preços – IRP) não é nova, ao menos no cenário federal. Ocorre que em 2007 o Ministério do Planejamento Orçamento e Gestão, por meio da Secretaria de Logística e Tecnologia da Informação e do Departamento de Logística e Serviços Gerais, implantou essa funcionalidade que, em última análise, torna pública, no âmbito dos órgãos e entidades integrantes do Sistema de Serviços Gerais (SISG), a intenção de instaurar futuras licitações (pregões e concorrências) para registro de preços, permitindo a participação de outros órgãos governamentais que tenham interesse em contratar o mesmo objeto, possibilitando a obtenção de melhores preços em face da economia de escala.

Depreende-se das disposições do decreto regulamentar que tal procedimento administrativo, registro e divulgação dos objetos a serem licitados, é de responsabilidade do órgão gerenciador, que deverá aguardar a Intenção de Registro de Preços (IRP) dos interessados para, posteriormente, consolidar e confirmar as informações relativas à estimativa individual e total de consumo, promovendo a adequação dos respectivos termos de referência ou projetos básicos encaminhados para atender aos requisitos de padronização e racionalização.

Considerando os poderes outorgados pela Constituição Federal de 1988 à União, Estados-Membros, Municípios e Distrito Federal para se auto-organizarem política, financeira e administrativamente, bem como a estrutura organizacional da Administração Pública brasileira, entendo que apenas as pessoas jurídicas integrantes da órbita federativa instituidora do registro de preços é que possuem legitimidade para participar do sistema e, por conseguinte, manifestar a respectiva Intenção de Registro de Preços. É o que se passa no âmbito federal.

No âmbito estadual, municipal e do Distrito Federal, inexistindo a Intenção de Registro de Preços, o órgão gerenciador, valendo-se de qualquer meio formal de comunicação, deverá enviar convite aos órgãos e entidades daquela esfera governamental, contendo um mínimo de informações acerca do pretendido registro. Imagino como mínimo indispensável as seguintes: a descrição genérica do objeto (por exemplo,

---

[12] Conforme dicção do art. 4º, *caput* e §§1º e 2º do Decreto Federal nº 7.892/13, tal procedimento administrativo depende de regulamentação específica a cargo do Ministério do Planejamento, Orçamento e Gestão, o que até o fechamento desta edição ainda não ocorreu.

medicamentos, equipamentos e suprimentos de informática, etc.), prazo de validade da ata de registro de preços, possibilidade de prorrogação deste prazo, responsabilidades e providências a serem tomadas pelos participantes. Dessa forma, propicia-se ao convidado a efetiva e concreta realização de um juízo de oportunidade e conveniência visando a uma acertada decisão administrativa. Como medida salutar de eficiência, recomenda-se a fixação de um prazo razoável para que o convidado se manifeste, apresentando, se for o caso, o detalhamento das suas necessidades com a respectiva estimativa de consumo.

Em virtude de a ata de registro de preços apresentar prazo máximo de validade de um ano, conforme detalhadamente explicado no capítulo terceiro deste trabalho, por óbvio a mencionada estimativa deverá ser elaborada levando-se em consideração uma possível necessidade/consumo para um período de doze meses ou outro inferior, se esta for a opção da Administração Pública.

Consoante dito acima, recebidas as necessidades daqueles que irão participar do registro de preços, cabe ao órgão gerenciador promover a consolidação de todas as informações relativas à estimativa individual e total de consumo, promovendo, quando necessário, a adequação dos respectivos termos de referência ou projetos básicos visando a padronização e racionalização.

Dessume-se que deve haver uma absoluta interação entre os participantes e o órgão gerenciador do registro. Somente assim as necessidades públicas serão materializadas e atendidas de forma satisfatória.

Por fim, o órgão gerenciador deverá obter dos órgãos participantes as respectivas concordâncias quanto ao objeto a ser licitado, quantitativos, termo de referência ou projeto básico.

2.2 Definição de quantitativos

Além da definição do objeto da licitação, que deverá conter elementos necessários e suficientes para a perfeita e adequada caracterização do bem ou serviço,[13] faz-se necessária, na mesma medida, a estimativa das quantidades que serão adquiridas no prazo de validade do registro.

---

[13] Conforme inciso I do artigo 9º do Decreto Federal nº 7.892/13, o edital deverá contemplar "a especificação ou descrição do objeto, que explicitará o conjunto de elementos necessários e suficientes, com nível de precisão adequado para a caracterização do bem ou serviço, inclusive definindo as respectivas unidades de medida usualmente adotadas".

Muito embora o registro de preços se destine, entre outras finalidades, à aquisição/contratação de determinados objetos cujos quantitativos a serem demandados pela Administração não possam ser definidos com exatidão, em razão de suas naturezas, ainda assim faz-se necessária a fixação no respectivo edital de uma quantidade estimada de consumo. Referida quantificação poderá ser realizada, por exemplo, com base em consumos pretéritos ou, em não havendo qualquer informação neste sentido, por tratar-se de aquisição/consumo inédito, a figura do planejamento deve ser mais uma vez utilizada para superar essa dificuldade.

Se, entretanto, a dificuldade persistir, vale lembrar as palavras do Prof. Joel de Menezes Niebuhr externadas no capítulo primeiro: "a Administração pode e deve prever no edital de licitação quantitativo superior a sua real estimativa". Mais adiante arremata o autor no sentido de que "[...] conquanto possa e deva estabelecer no edital de licitação quantitativo superior a sua real estimativa, deve fazê-lo com moderação, com bom senso, sob pena de frustrar as expectativas dos seus fornecedores".

O certo é que o Decreto Federal nº 7.892/13 é enfático ao determinar no inciso II do artigo 9º que o edital da licitação para registro de preços deve definir a estimativa de quantidades a serem adquiridas pelo órgão gerenciador e participantes no prazo de validade do registro.[14]

A quantificação do objeto licitado, ainda que estimada, é providência necessária, como visto anteriormente, e que opera tanto em favor da Administração Pública quanto dos licitantes que participam da competição.

Em outras palavras, é benéfica para a entidade licitadora, pois os licitantes irão formular as suas propostas de preços com base em quantidades estimadas e previamente fixadas no instrumento convocatório. Muitas vezes poderá ocorrer uma redução no preço cotado em razão da quantidade licitada. Trata-se aqui de uma economia de escala, ou seja, o preço para dez computadores seguramente não será o mesmo que para mil.

---

[14] O Tribunal de Contas da União tem se posicionado no sentido de que o Sistema de Registro de Preços não se presta para uma única contratação do total registrado. É o que se depreende da seguinte decisão: "Registro de Preços", *DOU*, 29 ago. 2012, S. 1, p. 116. "Ementa: determinação ao [...] para que, ao lançar processo licitatório, atente para as condições expressas no art. 2º do Decreto nº 3.931/2001, de forma a não utilizar sistema de registro de preços quando as peculiaridades do objeto a ser executado, sua localização e ambiente de implementação indiquem que só será possível uma única contratação" (Acórdão nº 2.241/2012 – Plenário).

De outra banda, a quantificação do objeto opera em favor dos licitantes, ao caracterizar-se como elemento essencial e indispensável à elaboração de uma proposta de preço boa e firme.

Impende ainda assentar que à entidade licitadora é facultado subdividir a quantidade total do item em lotes quando técnica e economicamente viável, possibilitando, assim, maior competitividade, observada a quantidade mínima, o prazo e o local de entrega ou de prestação dos serviços. Tal procedimento encontra supedâneo no artigo 8º do Decreto Federal nº 7.892/13.

2.3 Pesquisa de mercado

Para que a Administração Pública possa instaurar o processo licitatório visando adquirir determinado bem, contratar certo serviço ou simplesmente registrar preços para futura contratação destes objetos, ela deve conhecer previamente a realidade do mercado. Não só o que diz respeito aos bens e serviços existentes, como também aos potenciais fornecedores e aos preços médios que estão sendo praticados naquele dado momento.

Nesse contexto, não se trata de opção ou de uma mera faculdade, mas de um dever imposto à entidade licitadora de estimar o valor do futuro contrato na fase preparatória do certame.

Nessa linha de pensar, cabe registrar a orientação do Tribunal de Contas da União, assim encontrada:

> Pesquisar preços é procedimento obrigatório e prévio à realização de processos de contratação pública.[15]

Nas licitações comuns, aquelas que objetivam prontamente adquirir um bem ou contratar um serviço, a estimativa da despesa levada a efeito na fase interna é elemento necessário para a prática de outros atos, como a escolha da modalidade de licitação (quando utilizado o critério quantitativo da despesa), a reserva orçamentária, a fixação de preço máximo e o atendimento das disposições constantes da Lei Complementar nº 101/00, popularmente conhecida como Lei de Responsabilidade Fiscal.

---

[15] BRASIL. Tribunal de Contas da União. *Licitações e contratos*: orientações & jurisprudência do TCU, p. 87.

2.3.1 A estimativa de valor e a fixação de preço máximo

Em se tratando de licitação para registrar preços, a pesquisa de mercado com vistas à identificação dos valores a serem licitados é obrigatória, consistindo em atribuição do órgão gerenciador do registro e dos participantes, conforme se depreende do inciso IV, do artigo 5º do Decreto Federal nº 7.892/13.

Tal procedimento faz-se necessário em razão de que "preço estimado é um dos parâmetros de que dispõe a Administração para julgar licitações e efetivar contratações. Deve refletir o preço de mercado, levando em consideração todos os fatores que influenciam na formação dos custos".[16] Some-se a isso a recomendável fixação de preço máximo[17] que a Administração se propõe a pagar.[18] Dita fixação deve ser pautada na estimativa realizada, sendo esta, inclusive, a posição do Tribunal de Contas da União, conforme decisão vazada nestes termos:

---

[16] BRASIL. Tribunal de Contas da União. *Licitações e contratos*: orientações & jurisprudência do TCU, p. 86.
Nesse sentido, confira-se a seguinte decisão do Tribunal de Contas da União: ("Licitações", *DOU*, 20 set. 2011, S. 1, p. 156). "Ementa: o TCU deu ciência ao [...] de que a ausência de orçamento estimado em planilhas de quantitativos e preços unitários, no anexo do edital, contraria o §2º, inc. II, do art. 40 da Lei nº 8.666/1993, prejudicando a transparência na definição da composição do objeto, em vista a proporcionar melhores parâmetros de comparação de preços" (Acórdão nº 7.988/2011 – 1ª Câmara).

[17] O valor estabelecido como máximo não poderá ser ultrapassado, pois qualquer proposta com o preço superior ao previsto no edital deverá ser desclassificada. Por outro lado, não cabe, em tese, desclassificação sumária de proposta que apresente preço superior ao estimado.
É importante lembrar que os instrumentos convocatórios das licitações devem consignar critérios de aceitabilidade dos preços unitário e global, conforme o caso, sendo permitida, para tanto, a fixação de preços máximos e vedada a fixação de preços mínimos, critérios estatísticos ou faixas de variação em relação a preços de referência (inc. X do artigo 40 da Lei nº 8.666/93). A esse respeito, confira-se a seguinte decisão do Tribunal de Contas da União: ("Licitações", *DOU*, 28 set. 2012, S. 1, p. 187). "Ementa: o TCU deu ciência à [...] para que, em certames licitatórios, faça constar obrigatoriamente dos atos convocatórios critérios de aceitabilidade de preços unitários e global, com a fixação de preços máximos, tanto para as licitações do tipo menor preço unitário quanto nas de menor preço global, em observância ao disposto nos artigos 40, inciso X, e 43, inciso IV, da Lei nº 8.666/1993 e na Súmula/TCU nº 259" (item 9.2.3, TC-032.713/2011-8, Acórdão nº 7.021/2012 – 2ª Câmara).

[18] A propósito da distinção entre preço estimado e preço máximo, o Tribunal de Contas da União assim se posicionou: "TCU – Acórdão nº 392/2011 – Plenário. Assunto: Preços – Estimado e máximo – Distinção. [...] 3. 'Orçamento' ou 'valor orçado' ou 'valor de referência' ou simplesmente 'valor estimado' não se confunde com 'preço máximo'. O 'valor orçado', a depender de previsão editalícia, pode eventualmente ser definido como o 'preço máximo' a ser praticado em determinada licitação, mas não necessariamente. 4. Nas modalidades licitatórias tradicionais, de acordo com o art. 40, §2º, II, da Lei nº 8.666/93, o orçamento estimado deve figurar como anexo do edital, contemplando o preço de referência e, se for o caso, o preço máximo que a Administração se dispõe a pagar. No caso do pregão, a jurisprudência do TCU é no sentido de que a divulgação do valor orçado e, se for o caso, do preço máximo, caso este tenha sido fixado, é meramente facultativa".

TCU – Acórdão nº 93/2009 – Plenário

9.2.3. em futuros editais de licitação, com a finalidade de subsidiar os trabalhos da Comissão de Licitação, insira cláusula definindo os critérios de aceitabilidade de preços unitários e global, com a fixação de preços máximos, tendo por limite os valores estimados no orçamento a que se refere o inciso II do §2º do art. 40 da Lei nº 8.666/1993, com base nos arts. 40, inciso X, e 48 incisos I e II, da mesma lei;

Para o cumprimento desta determinação regulamentar, caberá ao órgão gerenciador do registro realizar pesquisa de mercado visando a identificação do valor estimado[19] das suas necessidades, bem como consolidar os dados das pesquisas realizadas pelos demais órgãos e entidades participantes do sistema. Destaca-se, assim, a relevância desse ato procedimental da fase preparatória da competição, pois, se a despesa for superestimada ou subestimada, sérios problemas emergirão.

Na primeira hipótese (despesa e preço máximo superestimado), os licitantes ficarão tentados a ofertar preços superiores aos de mercado e, em se concretizando, uma contratação nessas circunstâncias poderá ser taxada de *superfaturada*.

De outra banda, ocorrendo a segunda hipótese (despesa e preço máximo subestimado), a licitação terá grande probabilidade de restar deserta, em virtude da fixação de um preço máximo muito abaixo daquele praticado pelo mercado, tornando-o inexequível.

2.3.2 A metodologia para estimar o valor da licitação

Ainda a propósito do valor estimado da despesa, é comum surgir a seguinte questão: que metodologia deve ser utilizada pela entidade licitadora para estimar o valor da despesa/licitação?

A bem da verdade, a Lei nº 8.666/93 fornece um primeiro indicativo. Ocorre que o inciso V do artigo 15 textualmente determina que as compras, sempre que possível, deverão balizar-se pelos preços praticados no âmbito dos órgãos e entidades da Administração Pública. Tem-se aqui uma primeira solução para esse problema.

---

[19] A propósito da pesquisa de preços, confira-se a seguinte decisão do Tribunal de Contas da União ("Licitações", *DOU*, 23 nov. 2012, S. 1, p. 183). Acórdão nº 8.646/2012 – 2ª Câmara. "Ementa: determinação à Universidade Federal do Ceará para que realize, quando da instauração de procedimentos licitatórios, ampla pesquisa de preços de mercado, utilizando-se inclusive da internet, e contemple na instrução dos processos pertinentes os registros das consultas não respondidas, em cumprimento ao disposto no inciso IV do art. 43 da Lei nº 8.666/1993".

Assim, é cabível valer-se de bases contratuais de outros órgãos ou entidades públicas, desde que se constate tratar-se de objeto idêntico e comercializado nas mesmas condições pretendidas pela licitação a ser lançada.

É possível indicar outras soluções, por exemplo, a realização de cotação informal de preços no mercado e, até mesmo, dos preços registrados em sistemas instituídos por outras entidades públicas.

Ao enfrentar essa temática, o Tribunal de Contas de União assim se posicionou:

> A estimativa "deve ser elaborada com base nos preços colhidos em empresas do ramo pertinente ao objeto licitado, correntes no mercado onde será realizada licitação, que pode ser local, regional ou nacional. Sempre que possível, devem ser verificados os preços fixados por órgão oficial competente, sistema de registro de preços ou vigentes em outros órgãos".[20]

Em qualquer uma das hipóteses acima indicadas, deve-se tomar o cuidado de cotejar objetos de mesma natureza, qualidade e quantidade. Citando um exemplo bem esdrúxulo para o que se pretende transmitir, não é possível comparar um Fusca com uma BMW!

Por fim, outra cautela a ser observada a propósito da estimativa de preços diz respeito à sua escorreita formalização processual. Assim, seja competições para imediata aquisição/contratação, seja para registrar preços, é imprescindível juntar ao processo a prova documental da metodologia utilizada que culminou com a identificação dos valores médios de mercado naquele dado momento.[21]

2.4 Reserva orçamentária

Pelo comando consignado no inciso III, §2º do artigo 7º e artigo 14 da Lei nº 8.666/93, toda e qualquer licitação que objetive adquirir um bem ou contratar um serviço apenas poderá ser instaurada se houver dotação orçamentária com saldo suficiente para fazer frente à pretendida contratação, devendo tal constatação ser levada a efeito na fase interna da licitação.

---

[20] BRASIL. Tribunal de Contas da União. *Licitações e contratos*: orientações & jurisprudência do TCU, p. 86.

[21] Nesse sentido, vale conferir as seguintes decisões do Tribunal de Contas da União: Acórdão 127/2007 – Plenário; Acórdão 1547/2007 – Plenário; Acórdão 1100/2008 – Plenário; Acórdão 663/2009 – Plenário; Acórdão 3667/2009 – Plenário; Acórdão 280/2010 – Plenário.

Assim, nenhuma compra poderá ser feita sem a adequada indicação dos recursos orçamentários para o seu pagamento, sob pena de nulidade do ato e responsabilidade de quem lhe tiver dado causa. As obras e serviços somente poderão ser licitados quando houver previsão de recursos orçamentários que assegurem o pagamento das obrigações que serão executadas no exercício financeiro em curso, de acordo com o respectivo cronograma.

Sustenta-se que a existência de dotação orçamentária com saldo suficiente torna-se pressuposto legal para que o certame licitatório possa ser iniciado validamente.

A observância desse pressuposto apenas se faz necessária nas competições comuns que têm por finalidade única a pronta contratação do vencedor e, por conseguinte, a realização de uma despesa.

Não se pode perder de vista que a licitação para registrar preços possui finalidade específica e peculiar, qual seja, registrar preços para determinados objetos. Da mesma forma não se pode olvidar que a Administração Pública, ainda que a ata esteja válida e em plena vigência, não tem obrigação alguma de contratar com o fornecedor que teve o seu preço registrado por ocasião da respectiva licitação.

A meu juízo, os argumentos fáticos expendidos no parágrafo anterior são suficientes para sustentar a tese de que, nas licitações para registrar preços, a indicação da dotação orçamentária com saldo suficiente para fazer frente às despesas não é necessária.[22]

Para a felicidade deste subscritor, que sempre defendeu esta posição, com o advento do novo regulamento foram sepultadas, definitivamente, as controvérsias acerca da questão. Ocorre que o §2º do artigo 7º do Decreto Federal nº 7.892/13 estabelece, taxativamente, que "na licitação para registro de preços não é necessário indicar a dotação orçamentária, que somente será exigida para a formalização do contrato ou outro instrumento hábil".

Consoante este novo e alvissareiro cenário, merece aplausos a iniciativa da Consultoria Jurídica da União no Estado de Minas Gerais que, prontamente, atualizou Orientação Normativa de 2009 registrando o seguinte e escorreito entendimento:

---

[22] Na vigência do revogado Decreto Federal nº 3.931/01, o Tribunal de Contas da União assim decidiu: "9.3.4.3. especifiquem expressamente, nos editais de pregões destinados à elaboração de registro de preços, os créditos orçamentários sob os quais correrão as despesas, nos exatos termos do art. 14 c/c o art. 7º, §2º, inciso III, ambos da Lei nº 8.666/1993" (Acórdão nº 1.090/2007 – Plenário. Rel. Min. Augusto Nardes. Data do Julgamento: 06.06.2007). Na mesma linha do TCU, ver JUSTEN FILHO. *Comentários à Lei de Licitações e Contratos Administrativos*, p. 230.

Orientação Normativa CJU-MG nº 21, de 17 de março de 2009: (Atualizada em 28.02.2013)
LICITAÇÃO. SISTEMA DE REGISTRO DE PREÇOS. MOMENTO DE COMPROVAÇÃO DA EXISTÊNCIA DA DOTAÇÃO ORÇAMENTÁRIA.

Para a realização de licitação que visa à formação da ata de registro de preços não é necessária a prévia demonstração da existência de dotação orçamentária. Todavia, por ocasião da futura contratação, torna-se imprescindível a comprovação da dotação orçamentária para custeio da despesa correspondente, antes da assinatura do contrato firmado com base na ata já existente, na forma do art. 7º, §2º do Decreto nº 7.892/13.

Referências:

Pareceres AGU/CGU/NAJ/MG nºs 1258/2007; 0306/2008; 0487/2008; 0697/2008 e 0899/2008.

Acórdão nº 1279/2008 – Plenário do TCU

Art. 7º, §2º do Decreto nº 7.892/13.

Em face do atual regramento instituído pelo Decreto Federal nº 7.892/13, espero que esta polêmica e controvertida questão seja, definitivamente, pacificada não apenas no plano da doutrina, mas, sobretudo, perante os órgãos de controle.

2.5 Modalidades de licitação

Pelo atual regime jurídico das licitações, é possível constatar a existência de seis modalidades licitatórias: concorrência, tomada de preços, convite, concurso, leilão e pregão.

Em que pese tal constatação, o inciso I, §3º do artigo da Lei nº 8.666/93 estabelece de forma impositiva que, para o registro de preços, deverá ser instaurada licitação na modalidade concorrência.

Por sua vez, a Lei nº 10.520/02, que institui o pregão como certame voltado à aquisição de bens e serviços comuns, previu expressamente em seu artigo 11 a possibilidade de utilização dessa modalidade para o registro de preços. Em virtude deste comando legal, o artigo 3º do revogado Decreto Federal nº 3.931/01 passou a vigorar com a seguinte redação: "Art. 3º A licitação para registro de preços será realizada na modalidade de concorrência ou pregão, do tipo menor preço, nos termos das Leis nºs 8.666, de 21 de julho de 1993, e 10.520, de 17 de julho de 2002 [...]".

De igual forma, o Decreto Federal nº 7.892/13 assim prescreve:

Art. 7º A licitação para registro de preços será realizada na modalidade de concorrência, do tipo menor preço, nos termos da Lei nº 8.666, de

1993, ou na modalidade de pregão, nos termos da Lei nº 10.520, de 2002, e será precedida de ampla pesquisa de mercado.

De uma interpretação literal da disposição regulamentar acima transcrita, o aplicador do direito mais afoito concluiria que a opção por uma ou outra modalidade de licitação estaria inserida no campo da discricionariedade do administrador público. Em outras palavras, seria possível optar por qualquer uma delas. Ledo engano!

Como bem salientado pelo Prof. Joel de Menezes Niebuhr no Capítulo 1 deste trabalho, "Não se deve apegar à interpretação literal; deve-se, ao contrário, recorrer à interpretação sistêmica".

Dessa forma, a escolha por uma das modalidades indicadas deverá estar pautada em elementos de cada caso concreto. É o que se pretende analisar no tópico seguinte.

2.5.1 Adoção da modalidade em razão da natureza do objeto

É indiscutível que o pregão, de acordo com as disposições da Lei nº 10.520/02 e do seu Decreto Federal regulamentador nº 3.555/00, é modalidade de licitação destinada *exclusivamente* à aquisição/contratação de *bens* e *serviços* de *natureza comum* de qualquer valor, sendo vedada a sua utilização na contratação de obras e serviços de engenharia, locações imobiliárias e alienações em geral.[23]

Ao contrário das demais modalidades licitatórias, como a concorrência, a tomada de preços e o convite, cujo critério de escolha, regra geral, é o *quantitativo* (baseado no valor estimado da despesa), no pregão prevalece o *critério qualitativo* (baseado na qualidade/natureza do objeto). Para adoção do pregão, portanto, é necessário que o bem ou serviço licitado seja de natureza comum.

A Lei nº 10.520/02, em seu artigo 1º, parágrafo único, conceituou bem/serviço comum da seguinte forma:

> Consideram-se bens e serviços comuns, para os fins e efeitos deste artigo, aqueles cujos padrões de desempenho e qualidade possam ser objetivamente definidos pelo edital, por meio de especificações usuais no mercado.

---

[23] A legalidade desta vedação é extremamente discutível por constar em decreto e não na lei.

Na tentativa de tornar um pouco mais clara essa questão conceitual, o Decreto Federal nº 3.555/00 contemplava um Anexo II com um rol de bens e serviços tidos como de natureza comum. Vale lembrar que esse apêndice do mencionado decreto restou expressamente revogado pelo Decreto Federal nº 7.174/2010. De qualquer sorte, à época registrei posição no sentido de que dita relação era meramente exemplificativa. Assim, em alguns casos, outros objetos, embora não consignados no referido Anexo, poderiam ser considerados de natureza comum.

De outra banda, a concorrência é modalidade de licitação entre quaisquer interessados que, na fase de habilitação, comprovem possuir os requisitos mínimos de qualificação exigidos no edital (§2º do artigo 22 da Lei nº 8.666/93).

Dessa forma, a Administração Pública só poderá se valer do pregão para registrar preços de bens ou serviços que apresentem, de forma inequívoca, a *natureza comum*.[24] Ao contrário, se a licitação contemplar o registro de preços de objeto classificado como *incomum*, a opção deverá recair na modalidade concorrência.

2.6 Critérios de julgamento

Primeiramente é preciso deixar claro que critério de julgamento é fator intimamente ligado ao tipo da licitação. O órgão julgador, colegiado ou singular (comissão de licitação ou pregoeiro, respectivamente), deverá avaliar e classificar as propostas levando em consideração o tipo da licitação e todos os elementos norteadores a ele inerentes, tudo de acordo com as regras e exigências previamente definidas no edital.

2.6.1 Tipos de licitação e suas aplicações

A Lei nº 8.666/93, em seu artigo 45, §1º, estabelece que constituem *tipos de licitação*, exceto para a modalidade *concurso*, os seguintes: *menor preço, melhor técnica, técnica e preço, maior lance ou oferta*.

A propósito desse dispositivo da referida lei, em livro publicado em coautoria com o Prof. Jair Eduardo Santana,[25] foi lançado o seguinte comentário:

---

[24] Na esfera federal, nas licitações para aquisição de bens e serviços comuns é obrigatória a adoção do pregão, sendo preferencial a utilização da sua forma eletrônica, conforme previsão do artigo 4º do Decreto Federal nº 5.450/05.

[25] SANTANA; GUIMARÃES. *Licitações e o novo estatuto da pequena e microempresa*: reflexos práticos da LC nº 123/06, p. 36.

Do referido dispositivo é possível depreender que os tipos ali indicados somente poderão ser aplicados a situações especificadas pela própria lei, impactando, desta ou daquela forma, no julgamento das propostas e na seleção do vencedor do certame. Em outras palavras, (i) nas licitações do tipo menor preço, o fator preponderante no julgamento é o preço ofertado; (ii) nas licitações do tipo melhor técnica, como o próprio nome indica, a melhor técnica é elemento suficiente para a escolha do vencedor e (iii) nas licitações do tipo técnica e preço, necessariamente deverá ocorrer uma ponderação entre a técnica apresentada e o preço ofertado, como fatores de julgamento das propostas.

Interpretando sistematicamente o regime jurídico das licitações, conclui-se que a escolha de um tipo de licitação para determinada situação concreta deverá ser feita levando-se em consideração o seguinte: (i) a disposição legal, cabendo verificar se há ou não imposição de adotar este ou aquele tipo; (ii) natureza do objeto a ser licitado; e (iii) finalidade da licitação.

2.6.2 Os possíveis tipos nas licitações para registro de preços

No caso específico do registro de preços, o artigo 7º do Decreto Federal nº 7.892/13, além de dispor sobre as duas modalidades de licitação possíveis de adoção (concorrência e pregão, conforme analisado no tópico 2.5), determina, como regra geral, que o certame licitatório deve ser do tipo menor preço. Ou seja, sagrar-se-á vencedor da licitação para registro de preços o licitante que, atendidas as condições de habilitação, apresentar proposta nos termos do edital consignando o menor preço.

No que diz respeito ao tipo de licitação para registro de preços, esta é a regra geral. Todavia, há uma exceção. Ocorre que o próprio decreto regulamentar prevê que, excepcionalmente, poderá ser adotado o tipo técnica e preço[26] (artigo 7º, §1º). A opção pelo caminho da exceção fica a critério do órgão gerenciador, mas depende de despacho devidamente fundamentado da autoridade máxima do órgão e de alguns requisitos que a seguir serão objeto de análise.

---

[26] Vale registrar a posição do Tribunal de Contas da União consignada no Acórdão nº 1.631/2005 – 1ª Câmara, vazada nos seguintes termos: "Somente utilize a licitação do tipo técnica e preço para serviços com características eminentemente de natureza intelectual, de modo a atender o disposto nos arts. 45 e 46 da Lei nº 8.666/1993, excluindo dessa licitação a aquisição de bens que, ainda que de informática, sejam de fácil obtenção no mercado, mediante a prévia especificação, e ainda os serviços comuns para a operação do sistema a ser desenvolvido/adquirido".

Sustento que a licitação para registro de preços somente poderá ser do tipo técnica e preço[27] se (i) a modalidade for concorrência; (ii) o objeto se referir a bem ou serviço de informática, nos termos do §4º do artigo 45 da Lei nº 8.666/93, ou a serviço de natureza predominantemente intelectual, consoante disposição do artigo 46 da Lei nº 8.666/93; e (iii) houver despacho fundamentado da autoridade máxima do órgão ou entidade.

Em outras palavras, não existe possibilidade jurídica de se instaurar licitação na modalidade concorrência, tipo técnica e preço, objetivando, por exemplo, registrar preços para material de expediente, peças de veículos, pneus ou qualquer outro objeto que não se subsuma às regras do §4º dos artigos 45 e 46 da Lei de Licitações.

Cabe ainda anotar que, se houver a opção pelo tipo técnica e preço, o emprego do pregão torna-se absolutamente ilegal, em virtude da disposição da Lei nº 10.520/02, que determina, para esta modalidade licitatória, a utilização de um único tipo, o de menor preço (artigo 4º, inciso X).

2.6.3 O julgamento da licitação pela oferta de maior desconto

Conforme prevê o §1º do artigo 9º do Decreto Federal nº 7.892/13, outro critério de julgamento possível de ser adotado nas licitações para registro de preços é *o maior desconto sobre tabela de preços praticados no mercado*, critério este que em termos práticos resulta no menor preço para a Administração Pública. Nessa hipótese, deverá constar do processo uma justificativa técnica e, por óbvio, a regra deve estar previamente fixada no instrumento convocatório do certame, assim como a respectiva tabela de preços que servirá de parâmetro para a oferta de descontos constitui-se em anexo obrigatório desse instrumento.

2.7 Registro de preços para mais de um ente da Administração Pública

De acordo com a inteligência do inciso III do artigo 3º do Decreto Federal nº 7.892/13, o registro de preços, entre outras possibilidades ali

---

[27] Nas licitações do tipo técnica e preço, os licitantes deverão, necessariamente, apresentar três envelopes: habilitação, proposta técnica e proposta de preço. Essa regra também deve ser observada nas licitações para registro de preços, caso se adote este tipo de licitação.

arroladas, será adotado quando for conveniente a aquisição de bens ou a contratação de serviços para atendimento a mais de um órgão ou entidade ou a programas de governo.

É evidente que esta é mais uma questão que deve ser objeto de planejamento e análise na fase preparatória da licitação. Vale lembrar que este autor, em manifestação consignada neste capítulo, assentou posição no sentido de que somente poderão registrar a Intenção de Registro de Preços e, consequentemente, participar do registro de preços as entidades e órgãos integrantes da órbita federativa instituidora desse sistema.

2.7.1 Vantagens do registro de preços para várias entidades

A possibilidade de registrar preços para vários entes visa, fundamentalmente, à obtenção de uma sensível economia para os cofres públicos, além da inquestionável racionalização dos procedimentos licitatórios. Se cada órgão integrante da Administração Pública Federal instaurar a sua própria licitação para adquirir, por exemplo, material de expediente, teremos centenas de procedimentos processados e julgados e uma enorme perda de tempo e de recursos públicos, pois não se pode olvidar que a licitação representa um custo elevado para a entidade licitadora.

Com a utilização do permissivo regulamentar em questão, além dos benefícios acima mencionados, é necessário sopesar a economia de escala. Trocando em miúdos, se cada órgão ou entidade pública, isoladamente, instaurar o seu processo licitatório para adquirir material de expediente, obter-se-á um determinado resultado. Todavia, se instaurada uma única licitação, ainda que seja apenas para registrar preços, que agregue as necessidades de vários entes da Administração, seguramente o resultado, em termos de obtenção de preços mais vantajosos, será muito mais satisfatório e significativamente diferente da primeira hipótese.

Na verdade, se, em determinado registro de preços, tivermos a participação de mais de um ente da Administração, teremos uma centralização do processo licitatório, pois um único certame instaurado será aproveitado por várias entidades, competindo ao respectivo órgão gerenciador a promoção de todos os atos necessários à instrução processual, a realização do procedimento licitatório, bem como os atos deles decorrentes, tais como a assinatura e controle da ata de registro de preços.

Em face da possibilidade acima imaginada, emerge uma questão de suma importância e que projeta efeitos na elaboração do edital, especialmente na fixação das condições de habilitação. Suponha-se que em certo registro de preços o órgão gerenciador estime adquirir 2.000 (dois mil) computadores e outros nove entes da Administração manifestem, cada qual, a Intenção de Registro de Preços para 2.000 (dois mil), totalizando, assim, 20.000 (vinte mil computadores). Nesse contexto, como deve ser estabelecida a qualificação técnica e a qualificação econômico-financeira para fins de habilitação dos licitantes? Deve ser considerado o valor estimado para a totalidade do registro (20.000 unidades)? Ou seria possível dividir o objeto (computadores) em 10 lotes de duas mil unidades cada um?

Na verdade essa preocupação nasce em razão do inciso XXI do artigo 37 da Carta da República. Por esta regra constitucional, as exigências de qualificação técnica e econômica devem ser apenas as indispensáveis à garantia do cumprimento das obrigações. Em outras palavras, tais exigências devem ser proporcionais à garantia do cumprimento das obrigações a serem assumidas pelo vencedor da disputa, adotando-se como parâmetro objetivo o valor estimado da pretendida contratação.[28]

Na situação acima delineada, se o objeto for licitado em lote único, as habilitações técnica e econômica devem ser implementadas em face da totalidade das obrigações a serem assumidas (20.000 computadores), o que, evidentemente, poderá frustrar o caráter competitivo do certame licitatório, violando, assim, inciso I do §1º do artigo 3º da Lei nº 8.666/93.[29]

Por outro lado, seria possível ventilar a possibilidade de divisão do objeto em 10 lotes de duas mil unidades, sendo esta, a propósito, a regra constante do *caput* do artigo 8º do Decreto Federal nº 7.892/13.[30]

---

[28] Nesse sentido é a Súmula nº 263/2011 do Tribunal de Contas de União, assim encontrada: "Súmula nº 263/2011 – TCU. Para a comprovação da capacidade técnico-operacional das licitantes, e desde que limitada, simultaneamente, às parcelas de maior relevância e valor significativo do objeto a ser contratado, é legal a exigência de comprovação da execução de quantitativos mínimos em obras ou serviços com características semelhantes, devendo essa exigência guardar proporção com a dimensão e a complexidade do objeto a ser executado".

[29] Art. 3º. "§1º É vedado aos agentes públicos:
I - admitir, prever, incluir ou tolerar, nos atos de convocação, cláusulas ou condições que comprometam, restrinjam ou frustrem o seu caráter competitivo, inclusive nos casos de sociedades cooperativas, e estabeleçam preferências ou distinções em razão da naturalidade, da sede ou domicílio dos licitantes ou de qualquer outra circunstância impertinente ou irrelevante para o específico objeto do contrato, ressalvado o disposto nos §§5º a 12 deste artigo e no art. 3º da Lei nº 8.248, de 23 de outubro de 1991; (Redação dada pela Lei nº 12.349, de 2010)".

[30] "Art. 8º O órgão gerenciador poderá dividir a quantidade total do item em lotes, quando técnica e economicamente viável, para possibilitar maior competitividade, observada a quantidade mínima, o prazo e o local de entrega ou de prestação dos serviços".

Nota-se que a disposição regulamentar admite esta possibilidade desde que técnica e economicamente viável, o que, forçosamente, demandaria uma justificativa a ser exarada na fase preparatória do certame. De qualquer forma, nesse caso a qualificação técnica e econômica deverá ser proporcional a cada um dos lotes.[31] Todavia, entendo que a economia de escala, uma das finalidades do sistema de registro de preços, pode restar afastada ou, no mínimo, ligeiramente prejudicada, pois para cada um dos lotes haverá de corresponder uma disputa independente e preços proporcionais às respectivas quantidades.

Para este subscritor a solução para problema parece estar na Lei nº 8.666/93 e no próprio regulamento federal de registro de preços.

O artigo 9º do Decreto Federal nº 7.892/13 dispõe que o edital da licitação para registro de preços observará as Leis nºs 8.666/93 e 10.520/02, devendo, ainda, contemplar, entre outras coisas, a quantidade mínima de unidades a ser cotada por item, no caso de bens.[32]

Por sua vez, a Lei Federal de Licitações, que pode e deve ser observada nas licitações para registro de preços, contempla previsão que prestigia a competitividade. Trata-se da regra constante do §7º do artigo 23, nestes termos encontrada:

> Art. 23. [...]
> §7º Na compra de bens de natureza divisível e desde que não haja prejuízo para o conjunto ou complexo, é permitida a cotação de quantidade inferior à demandada na licitação, com vistas a ampliação da competitividade, podendo o edital fixar quantitativo mínimo para preservar a economia de escala.

Da norma transcrita, subtrai-se que, havendo previsão no instrumento convocatório, é possível a oferta de propostas com quantidades inferiores à total licitada/demandada, objetivando o incremento da competição com a preservação da economia de escala.

Uma vez implementada essa solução, remanesceria uma questão de ordem prática. Suponha-se, no caso antes projetado, que o total licitado em lote único foi de 20.000 computadores e o edital possibilitou a oferta de quantidade mínima de 4.000 computadores. Ultimada a licitação, verificou-se o seguinte panorama:

---

[31] Nesse sentido confira-se a posição do Tribunal de Contas da União consignada nos Acórdãos nº 1.630/2009 – Plenário, e 6.854/2009 – 1ª Câmara.

[32] "Art. 9º O edital de licitação para registro de preços observará o disposto nas Leis nº 8.666, de 1993, e nº 10.520, de 2002, e contemplará, no mínimo: [...]
IV - quantidade mínima de unidades a ser cotada, por item, no caso de bens".

- 1ª classificada - Empresa "A" - 4.000 computadores - R$2.000,00 a unidade;
- 2ª classificada - Empresa "B" - 4.000 computadores - R$2.200,00 a unidade;
- 3ª classificada - Empresa "C" - 4.000 computadores - R$2.350,00 a unidade;
- 4ª classificada - Empresa "D" - 4.000 computadores - R$2.400,00 a unidade;
- 5ª classificada - Empresa "E" - 4.000 computadores - R$2.450,00 a unidade.

Diante desse quadro, sustento que as contratações a serem realizadas ao longo do prazo de vigência da ata de registro de preços devem respeitar a ordem classificatória da licitação. Em outras palavras, para que a Empresa "B", 2ª classificada, possa ser contratada, a Empresa "A" já deve ter fornecido as 4.000 unidades que ofertou por ocasião da licitação. Vale lembrar ainda que todo esse regramento deve estar previsto no respectivo edital, por força do que determina o princípio da vinculação ao instrumento convocatório.

2.8 Edital da licitação para registro de preços

É na fase interna do certame que ocorre a elaboração do instrumento convocatório, em que são fixadas as regras e condições a serem observadas não apenas pelos eventuais interessados em formular propostas, mas também pela própria *pessoa* promotora da licitação.

É clássica na doutrina a afirmação de que o instrumento convocatório, após a sua publicidade, torna-se a lei interna da licitação e do próprio contrato, pois tudo aquilo que fora inicialmente fixado não poderá ser alterado ou até mesmo inovado por ocasião da celebração do pacto.

De acordo com a lição de Celso Antônio Bandeira de Mello, são funções do ato convocatório: a) dar publicidade à licitação; b) identificar seu objeto, delimitando o universo das propostas; c) circunscrever o universo dos proponentes; d) estabelecer os critérios para análise e avaliação dos proponentes e propostas; e) regular os atos e termos processuais do certame; e f) fixar as cláusulas do futuro contrato.[33]

---

[33] BANDEIRA DE MELLO. *Curso de direito administrativo*, p. 532.

2.8.1 A importância do edital e seu caráter vinculativo

Dessume-se que o ato convocatório cumpre papel de fundamental importância em qualquer licitação, na medida em que todos os atos que venham a ser praticados no curso da competição deverão estar em consonância com as regras ali estabelecidas, ou seja, a promotora do certame e os licitantes encontram-se vinculados a tudo aquilo que foi inicialmente estabelecido e divulgado.

Se o ato convocatório de uma licitação for mal elaborado ou contiver imperfeições ou obscuridades, seguramente o certame estará fadado ao insucesso, não chegando ao seu termo final ou, em hipótese um pouco mais drástica, a entidade licitadora firmará um contrato ruinoso.

2.8.2 Regras a serem observadas na elaboração do edital

Conforme manifestação deste autor, registrada em trabalho publicado anteriormente,[34] por força do que dispõe o princípio da legalidade, as ações do administrador público estão sujeitas às disposições legais, sendo apenas caracterizadas como legítimas se conformes ao ordenamento jurídico.

O administrador, portanto, não está autorizado a incluir no edital do certame qualquer dispositivo contrário às normas constitucionais, legais e regulamentares atinentes aos atos administrativos em geral, sob pena de anulação do instrumento viciado.

A elaboração do instrumento convocatório regedor de competição para registro de preços deve, no que couber, respeitar as regras gerais contidas no artigo 40 da Lei nº 8.666/93, bem como aquelas consignadas na Lei nº 10.520/02, se a modalidade adotada for pregão, as disposições do Decreto Federal nº 7.892/13, se a entidade instituidora pertencer a esfera federal, e ainda as prescrições da Lei Complementar nº 123/06.

A Lei Complementar nº 123/06, publicada em 15 de dezembro de 2006, institui o Estatuto da Microempresa e da Empresa de Pequeno Porte e, dentre outras coisas, outorga a essa categoria de licitantes alguns benefícios nas licitações, especialmente na fase de habilitação (arts. 42 e 43), no julgamento das propostas (arts. 44 e 45), bem como nas denominadas licitações diferenciadas (arts. 47 a 49). Tais benefícios deverão ser assegurados às microempresas e empresas de pequeno

---

[34] GUIMARÃES. *Controle das licitações públicas*, p. 30.

porte nos certames licitatórios para registro de preços. Na órbita federal a sua regulamentação foi objeto do Decreto nº 6.204/2007.[35]

De outro giro, com o advento da Lei nº 12.349/2010, a Lei Federal de Licitações sofreu significativa alteração, notadamente no seu artigo 3º. Dentre as modificações promovidas no regime jurídico licitatório, destaco a que cria margens de preferência para produtos manufaturados e para serviços nacionais que atendam a normas técnicas brasileiras. Tais margens de preferência são definidas pelo Poder Executivo federal, levando-se em conta um produto, um serviço, grupo de produtos ou serviços, não podendo ultrapassar a 25% (vinte e cinco por cento) sobre o preço dos produtos manufaturados e serviços estrangeiros.[36] Embora este autor não concorde com essa inovação, é forçoso reconhecer que ela deve ser implementada nos editais das licitações para registrar preços de serviços e/ou produtos cujas margens de preferência já estejam devidamente regulamentadas.

Além dos decretos regulamentadores do pregão (nºs 3.555/00 e 5.450/05) e do Decreto nº 7.174/2010, que trata da contração de bens/serviços de informática, nas competições licitatórias instauradas por órgão ou entidade da Administração Pública Federal direta, autárquica e fundacional que objetivem registrar preços, é inafastável a observância das seguintes instruções normativas: IN nº 02/2008

---

[35] A propósito da observância da Lei Complementar nº 123/06 nas licitações para registro de preços, confira-se a decisão do Tribunal de Contas da União, assim exarada: "TCU – Acórdão nº 2.957/2011 – Plenário. As licitações processadas por meio do Sistema de Registro de Preços, cujo valor estimado seja igual ou inferior a R$80.000,00, podem ser destinadas à contratação exclusiva de Microempresas e Empresas de Pequeno Porte, competindo ao órgão que gerencia a Ata de Registro de Preços autorizar a adesão à referida ata, desde que cumpridas as condições estabelecidas no art. 8º do Decreto nº 3.931, de 2001, e respeitado, no somatório de todas as contratações, aí incluídas tanto as realizadas pelos patrocinadores da ata quanto as promovidas pelos aderentes, o limite máximo de R$80.000,00 em cada item da licitação".

[36] Ao menos até o fechamento desta edição, estes são os decretos federais regulamentadores de diversas margens de preferência: Decreto nº 7.601/2011, que fixa margem de preferência para aquisição de produtos de confecções, calçados e artefatos; Decreto nº 7.709/2012, que fixa margem de preferência para aquisição de retroescavadeiras e motoniveladoras (alterado pelo Decreto nº 7.841/2012); Decreto nº 7.713/2012, que fixa margem de preferência para aquisição de fármacos e medicamentos; Decreto nº 7.756/2012, que fixa margem de preferência para aquisição de produtos de confecções, calçados e artefatos; Decreto nº 7.767/2012, que fixa margem de preferência para aquisição de produtos médicos; Decreto nº 7.810/2012, que fixa margem de preferência para aquisição de papel-moeda; Decreto nº 7.812/2012, que fixa margem de preferência para aquisição de veículos para vias férreas; Decreto nº 7.816/2012, que fixa margem de preferência para aquisição de caminhões, furgões e implementos rodoviários; Decreto nº 7.840/2012, que fixa margem de preferência para aquisição de perfuratrizes e patrulhas mecanizadas; Decreto nº 7.843/2012, fixa margem de preferência para aquisição de disco para moeda; Decreto nº 7.903/2013, que fixa margem de preferência para aquisição de equipamentos de TI e comunicação.

(contratação de serviços continuados ou não), IN nº 01/2010 (licitações sustentáveis),[37] IN nº 04/2010 (contratação de soluções de TI) e IN nº 03/2011 (operacionalização do pregão eletrônico).

Assim, *grosso modo*, a licitação para registrar preços, com algumas pequenas peculiaridades, é instaurada, processada e julgada de acordo com o regime jurídico aplicável a qualquer outro certame.

Uma dessas peculiaridades diz respeito à ênfase que deve ser dada à finalidade da licitação, ou seja, o edital deve deixar muito claro que o objetivo da competição é apenas *registrar* fornecedores e seus respectivos preços para o objeto ali especificado, sem qualquer obrigatoriedade de contratação.

Outras particularidades estão dispostas nos incisos e parágrafos do artigo 9º do Decreto Federal nº 7.892/13, tais como: a individualização das quantidades a serem adquiridas pelo órgão gerenciador e órgãos participantes, a estimativa de quantidades a serem adquiridas por órgãos não participantes ("caroneiros"), observados os limites estabelecidos pelo decreto, a quantidade mínima de unidades a ser cotada por item (no caso de bens), prazo de validade do registro, órgãos e entidades participantes do registro, a oferta de desconto sobre tabela de preços praticados no mercado, a apresentação de proposta diferenciada por região quando o contrato for executado em locais diferentes.

2.8.3 Anexos do edital de licitação

Quanto aos anexos do edital de licitação para registro de preços, a regra a ser observada é a mesma para qualquer competição. Dessa forma, deve-se observar, primeiramente, o comando do §2º do artigo 40 da Lei nº 8.666/93, segundo o qual constituem anexos do edital, dele fazendo parte integrante, o projeto básico e/ou executivo, o orçamento estimado em planilhas de quantitativos e preços unitários, a minuta do contrato a ser firmado pela Administração e o licitante vencedor, especificações complementares e normas de execução.

---

[37] Ainda que não trate de licitação para registro de preços, confira-se a seguinte decisão do Tribunal de Contas da União: "Licitações e Sustentabilidade", *DOU*, 14 ago. 2012, S. 1, p. 72-73. "Ementa: recomendação ao [...] no sentido de que: a) institua e mantenha rotinas que permitam a inserção, nos editais licitatórios, de critérios de sustentabilidade da IN/SLTI-MP nº 1/2010 e da Portaria/SLTI-MP nº 2/2010; b) capacite membros da equipe de licitação da [...] de forma a permitir a aderência dos editais de licitação à IN/SLTI-MP nº 1/2010 e à Portaria/SLTI-MP nº 2/2010; c) mantenha canal de discussão com a SLTI-MP com o intuito de superar óbices na implantação de critérios de sustentabilidade nas licitações a serem realizadas no [...]; TC-036.789/2011-9, Acórdão nº 4.529/2012 – 1ª Câmara".

Das disposições do Decreto Federal nº 7.892/13 que dizem respeito aos anexos do edital, destaco as constantes dos incisos VIII e X do artigo 9º, assim dispostas:

> Art. 9º O edital de licitação para registro de preços observará o disposto nas Leis nº 8.666, de 1993, e nº 10.520, de 2002, e contemplará, no mínimo: [...]
> VIII - modelos de planilhas de custo e minutas de contratos, quando cabível; [...]
> X - minuta da ata de registro de preços como anexo;

Quanto aos modelos de planilhas de custo e minutas de contratos, não houve modificação alguma na sistemática, pois o §2º da Lei nº 8.666/93 já estabelecia essa exigência. Todavia, no que respeita à minuta da ata de registro de preços constar como anexo do edital, esta inovação merece aplausos. Conforme posição deste subscritor registrada na 1ª edição deste trabalho, a ata de registro de preços, por se tratar de *documento que produz obrigações de modo unilateral, somente para o vencedor da licitação* e, ainda, *que apresenta natureza jurídica de contrato preliminar ou pré-contrato unilateral*,[38] deve constituir anexo obrigatório do edital, pois os licitantes deverão ter pleno conhecimento de todas as condições de uma possível contratação futura.

Por outro lado, a propósito do Termo de Referência constar como anexo do instrumento convocatório de licitações na modalidade pregão, o Tribunal de Contas da União assim decidiu:

TCU – Acórdão nº 714/2010 – Plenário
PREGÃO e REGISTRO DE PREÇOS. DOU de 09.04.2010. Ementa: determinação à [...] para que, nas licitações na modalidade pregão, inclusive os que tenham por finalidade o registro de preços: a) inclua obrigatoriamente o orçamento no Termo de Referência, ficando a critério do gestor, no caso concreto, a avaliação da oportunidade e conveniência de incluir tal Termo de Referência ou o próprio orçamento no edital ou de informar, nesse mesmo edital, a disponibilidade do orçamento aos interessados e os meios para obtê-los; [...] c) divulgue, no edital, o valor estimado da contratação, em atenção ao princípio da publicidade, insculpido no art. 37 da Constituição Federal e no art. 3º da Lei nº 8.666/1993.

---

[38] Consoante manifestação externada pelo Prof. Joel de Menezes Niebuhr no Capítulo 3.

2.8.4 Competência para assinar o edital

Após exame e aprovação da minuta do edital e de seus anexos pela assessoria jurídica da Administração, procedimento este que será objeto de análise a seguir, o original do edital deverá ser datado, rubricado em todas as suas folhas e assinado pela autoridade que o expedir, nos termos do que dispõe o §1º do artigo 40 da Lei nº 8.666/93.

É competente para assinar os instrumentos convocatórios de qualquer licitação o agente público que, por meio de lei, recebe poderes para a prática desse ato. Não havendo disposição legal em sentido contrário,[39] ditos poderes podem ser objeto de delegação mediante a expedição de ato administrativo.

Se em determinado registro de preços houver a participação de vários órgãos, é óbvio que o respectivo edital da licitação não será assinado por todos os partícipes, mas apenas pela autoridade competente que represente o órgão gerenciador.

2.9 Aprovação do edital

Elaborado o ato convocatório do certame para registro de preços, é imperioso que se cumpra o disposto no parágrafo único do artigo 38 da Lei nº 8.666/93, que dispõe sobre a exigência de análise e prévia aprovação por assessoria jurídica da Administração das minutas de editais, contratos, acordos, convênios ou ajustes.

Desde logo poderiam surgir as seguintes dúvidas: havendo a participação de vários órgãos e entidades da Administração em certa licitação para registro de preços, a aprovação da minuta do edital deve ser promovida pela assessoria jurídica de todos os órgãos participantes? É possível imputar alguma responsabilidade aos órgãos participantes por eventuais ilegalidades constatadas no edital?

Para as duas situações imaginadas, a resposta é negativa! Na primeira hipótese, em face do que dispõe o artigo 5º do Decreto Federal nº 7.892/13, cabe ao órgão gerenciador uma série de atribuições, destacando-se, para o caso sob análise, a promoção dos atos necessários à instrução processual para realização da licitação (inciso III), bem como

---

[39] Assim se passa nas entidades públicas federais, pois a Lei nº 9.784/99, que regula o processo administrativo no âmbito federal, dispõe que não pode ser objeto de delegação a edição de atos de caráter normativo (inciso I do artigo 13 da Lei nº 9.784/99). Portanto, para as entidades sujeitas à referida lei, é vedada a delegação da competência para assinar editais de licitação, pois o edital é ato administrativo de caráter normativo.

a própria realização do procedimento licitatório (inciso VI). Assim, é de responsabilidade do órgão gerenciador providenciar, junto à sua própria assessoria jurídica, a aprovação da minuta do edital do certame. Não seria razoável, especialmente sob o ponto de vista da eficiência, imaginar procedimento diverso.

Outrossim, de uma interpretação sistemática das disposições regulamentares, subtrai-se que cabe ao órgão gerenciador a elaboração da minuta do respectivo instrumento convocatório, não sendo possível, por conseguinte, imputar qualquer responsabilidade aos órgãos participantes por eventuais ilegalidades verificadas neste instrumento.

2.9.1 Finalidade, competência e extensão da análise jurídica

A aprovação prévia da minuta do ato convocatório não se apresenta despicienda e merece especial atenção, notadamente se consideradas as repercussões no procedimento em caso de eventuais falhas ou vícios e os riscos ao interesse público norteador de toda a atividade estatal. Trata-se de controle da legalidade do edital.[40]

A competência para o exercício desse controle é da assessoria jurídica da Administração ou de agente público investido em cargo, emprego ou função pública de advogado. Ademais, não há faculdade para a entidade licitadora. Há obrigatoriedade (dever) de análise e prévia aprovação, com o intuito de, preventivamente, afastar ilegalidades ou disposições que possam vir a cercear a competitividade do certame que não se compatibilizem com o ordenamento jurídico.

O exame deve cingir-se estritamente a questões de legalidade. Não se admite, portanto, que a assessoria jurídica, neste momento, analise a oportunidade e conveniência da licitação, adentrando no mérito da decisão administrativa. Ela pode e deve avaliar se os pressupostos de fato e de direito invocados pela autoridade para supedanear a tomada de decisão estão efetivamente presentes.

---

[40] Nesse sentido é a decisão do Tribunal de Contas da União: "Parecer Jurídico", *DOU*, 04 abr. 2011, S. 1, p. 73. "Ementa: alerta à [...] quanto à irregularidade, em procedimentos licitatórios e na execução dos contratos do Programa [...], caracterizada pela ausência de controle efetivo de legalidade sobre os procedimentos licitatórios por parte da assessoria jurídica, caracterizada pela emissão de pareceres jurídicos que não contemplavam todos os aspectos básicos essenciais e prévios à realização dos certames, nos termos do parágrafo único do art. 38 da Lei nº 8.666/93 (Acórdão nº 748/2011 – Plenário)".

2.9.2 Prazo para análise das minutas dos editais

Questão que comumente vem à tona em debates sobre esta matéria versa sobre o prazo para análise da minuta do edital pela assessoria jurídica da Administração, em razão de haver casos, em alguns órgãos e entidades públicas, de excessiva demora.

A bem da verdade, a Lei de Licitações não fixa, peremptoriamente, qualquer prazo para a assessoria jurídica se manifestar, o que não significa que isso possa acontecer a qualquer tempo. Inobstante o silêncio da lei a este propósito, é preciso lembrar que os agentes públicos têm o dever de agir não apenas dentro dos limites de competência que lhes são outorgados legalmente, como de forma absolutamente tempestiva. Em outras palavras, a ordem jurídica, assim como o interesse público, não admite a procrastinação, a desídia, a omissão.

Assim, considerando a inexistência de prazo fixado pela lei, entendo que, observada a estrutura organizacional de cada administração licitadora e os princípios jurídicos que norteiam as atividades administrativas, como medida absolutamente salutar ao interesse público perseguido, a autoridade competente deve fixar, nos próprios autos da licitação, um prazo razoável para que a assessoria jurídica se manifeste.

2.9.3 O caráter decisório e vinculativo da manifestação da assessoria jurídica

A obrigatoriedade da análise prévia da assessoria jurídica faz nascer uma vinculação no que tange à observância das suas conclusões, pois, do contrário, não haveria sentido lógico em manter-se o prosseguimento normal do certame, ignorando-se os vícios detectados.

Neste passo do procedimento, portanto, a manifestação jurídica é vinculante, apresentando-se como verdadeiro poder decisório e constituindo elemento de validade que visa assegurar, conforme a lição de Carlos Ari Sundfeld, o mais alto grau de observância do princípio da legalidade.[41]

---

[41] "O Decreto-Lei nº 2.300/86, em seu art. 31, parágrafo único, já impunha o exame desses documentos pela consultoria jurídica, mas não exigia sua aprovação, o que é novidade da Lei nº 8.666/93. Agora, o órgão jurídico deve aprovar as minutas, o que lhe confere um poder decisório pouco usual nas atividades consultivas. A medida, radical, visa a assegurar ao máximo a observância do princípio da legalidade, tão desprezado pela Administração brasileira" (SUNDFELD. *Licitação e contrato administrativo*, p. 95).

2.9.4 A elaboração de minutas-padrão de editais

Aspecto que me parece relevante trazer à colação trata da elaboração de minutas-padrão de editais em suas diversas modalidades e da necessidade de análise e aprovação da assessoria jurídica da Administração a cada certame instaurado com a utilização dessas minutas anteriormente aprovadas.

Efetivamente, a elaboração de minutas-padrão de editais vem ao encontro da eficiência e da racionalização das atividades administrativas. Porém, a sua adoção carece de determinadas cautelas a serem observadas, sob pena de se ver frustrada a determinação legal contida no parágrafo único do artigo 38 da Lei nº 8.666/93.

Este autor não vislumbra maiores problemas na utilização de minutas-padrão de editais, desde que previamente analisadas/aprovadas pela assessoria jurídica. Dessa forma, sempre que ocorrer a utilização de tais minutas, não haverá a necessidade de submetê-las, novamente, ao crivo jurídico na fase interna. Todavia, tais minutas devem contemplar a descrição do objeto, ficando para o momento da efetiva instauração da licitação apenas a complementação das necessárias quantidades e de alguns elementos que não alterem as cláusulas dos instrumentos já examinados e aprovados pela assessoria jurídica.

Tal entendimento prende-se ao fato de que a assessoria jurídica deve também analisar as questões de legalidade que envolvem a descrição do objeto, apontando eventuais vícios ali contidos, como, por exemplo, a indicação indevida de marca.

A propósito da posição que ora se defende, é oportuno transcrever trecho do voto do Ministro Relator do Tribunal de Contas da União, que deu origem ao Acórdão nº 1.504/2005 – Plenário, nestes termos exarado:

> A despeito de haver decisões do TCU que determinam a atuação da assessoria jurídica em cada procedimento licitatório, o texto legal — parágrafo único do art. 38 da Lei nº 8.666/1993 — não é expresso quanto a essa obrigatoriedade. Assim, a utilização de minutas-padrão, guardadas as necessárias cautelas, em que, como assevera o recorrente (fl. 8/9 do anexo 1), limita-se ao preenchimento das quantidades de bens e serviços, unidades favorecidas, local de entrega dos bens ou prestação dos serviços, sem alterar quaisquer das cláusulas desses instrumentos previamente examinados pela assessoria jurídica, atende aos princípios da legalidade e também da eficiência e da proporcionalidade.

2.10 Publicidade do edital

O princípio da publicidade garante total transparência das ações administrativas, tornando possível a sua ciência, bem como o exercício do controle levado a efeito pelos órgãos competentes e pela própria sociedade.

É princípio constitucional expresso, previsto no artigo 37 da Carta Federal de 1988, também consignado no *caput* do artigo 3º da Lei nº 8.666/93 e em vários de seus dispositivos, em especial, o artigo 21, que estabelece forma e prazos mínimos de publicidade para as modalidades de licitações.

2.10.1 Meios de divulgação dos avisos de licitação

De acordo com a Lei de Licitações, os avisos contendo os resumos dos editais das concorrências para registro de preços instauradas por entidades públicas federais serão publicados, no mínimo uma vez, no *Diário Oficial da União* e em jornal de grande circulação no Estado e, ainda, em jornal de circulação no Município ou na região onde será executado o objeto, podendo ser utilizados outros meios de divulgação para ampliar a área de competição.

Por outro lado, o aviso de pregão para registro de preços, consoante dispõe a Lei nº 10.520/02, deverá ser publicado em diário oficial da respectiva entidade da federação ou, na falta deste, em jornal de circulação local e, facultativamente, por meios eletrônicos e, conforme o vulto da licitação, em jornal de grande circulação, nos termos regulamentares.

Os Decretos Federais nº 3.555/00 e nº 5.450/05, que regulamentam o pregão presencial e eletrônico, respectivamente, na esfera federal, excepcionam o meio de divulgação do aviso de licitação em razão de certos valores ali fixados.

De toda sorte, a este propósito o Tribunal de Contas da União editou orientação vazada nos seguintes termos:[42]

> Na divulgação de pregão realizado para o sistema de *registro de preços*, *independentemente do valor estimado*, a publicação será feita:
> - no Diário Oficial da União;
> - em meio eletrônico, na Internet;
> - em jornal de grande circulação regional ou nacional.

---

[42] BRASIL. Tribunal de Contas da União. *Licitações e contratos*: orientações & jurisprudência do TCU, p. 282.

Esse aviso deverá conter um mínimo de informações necessárias à efetiva publicidade do certame. Destacam-se, para este fim, as seguintes: nome da entidade licitadora; modalidade e tipo da licitação; resumidamente o objeto; data para entrega dos envelopes; endereço, data e hora em que ocorrerá a sessão pública; local, dias e horários em que poderá ser lida ou obtida a íntegra do edital.

2.10.2 Prazos mínimos de publicidade

Quanto aos prazos mínimos de publicidade, tanto no plano doutrinário como no jurisprudencial, é indiscutível que eles se prestam a (i) dar amplo conhecimento das pretensões da entidade licitadora, e (ii) oportunizar aos interessados tempo hábil para a preparação de documentos de habilitação e de suas propostas.

Pelas disposições do artigo 21 da Lei nº 8.666/93, percebe-se que o legislador fixou os prazos mínimos de publicidade excepcionando-os em razão da modalidade, do tipo de licitação e até mesmo em face do regime de empreitada do contrato, o que leva a concluir que, dependendo da grandiosidade e da complexidade do certame licitatório, haverá uma variação temporal desses prazos.

Para a concorrência, uma das modalidades de licitação que juntamente com o pregão pode ser adotada para registrar preços, o comando legal fixa 45 dias, quando a licitação for do tipo técnica e preço, e 30 dias, se do tipo menor preço.

De outra banda, o inciso V do artigo 4º da Lei nº 10.520/02 estabelece que o prazo para apresentação das propostas em licitações modalidade pregão não será inferior a 8 dias úteis, sendo esta, portanto, a regra para o pregão de registro de preços.

Tanto a Lei nº 8.666/93 quanto a Lei nº 10.520/02 fixam, de forma peremptória, prazos mínimos de publicidade. Por óbvio, não é possível estabelecer para uma situação concreta prazo inferior ao mínimo legal. Todavia, nada obsta a que a entidade licitadora, em razão de algumas peculiaridades de uma determinada licitação, propicie prazo superior ao determinado pela lei.

A observância do prazo mínimo de publicidade de um certame licitatório é condição de sua validade, conforme lição de Marçal Justen Filho,[43] nestes termos encontrada:

---

[43] JUSTEN FILHO. *Comentários à Lei de Licitações e Contratos Administrativos*, p. 281.

A validade da licitação depende da ampla divulgação de sua existência, efetivada com antecedência que assegure a participação dos eventuais interessados e o conhecimento de toda a sociedade. O defeito na divulgação do instrumento convocatório constitui indevida restrição à participação dos interessados e vicia de nulidade o procedimento licitatório, devendo ser pronunciado a qualquer tempo.

Importa assinalar que, em certas licitações cujos objetos postos em competição apresentam complexidade, o prazo mínimo de publicidade pode se apresentar exíguo, especialmente para a elaboração das propostas, circunstância que, se constatada faticamente, imporá a oferta de prazo maior.

2.10.3 Alteração do edital após a publicidade

Após a publicação do aviso da licitação e no curso do prazo mínimo de publicidade, há casos em que a Administração Pública se obriga a promover alterações no instrumento convocatório, visando sua melhor adequação ao interesse público perseguido ou em razão de provocações de terceiros, o que pode ocorrer por meio da figura jurídica da impugnação.[44]

Dessa forma, a entidade licitadora, até a data fixada para entrega dos envelopes, tem ampla liberdade para alterar as regras editalícias, desde que respeite as normas legais aplicáveis a uma situação dessa natureza.

Ocorre que a Lei nº 8.666/93, no §4º do artigo 21, normatizou e estabeleceu regras para que o edital possa ser alterado validamente. Tal dispositivo foi vazado nos seguintes termos:

> Art. 21. [...]
> §4º Qualquer modificação no edital exige divulgação pela mesma forma que se deu o texto original, reabrindo-se o prazo inicialmente estabelecido, exceto quando, inquestionavelmente, a alteração não afetar a formulação das propostas.

---

[44] Qualquer pessoa física ou jurídica, com ou sem interesse direto no certame, possui legitimidade para impugnar atos convocatórios de licitações. Trata-se de mais um princípio, muito embora não elencado expressamente no texto legal, mas presente em vários dispositivos da lei, qual seja, o princípio da fiscalização ou da participação popular.

Se o dispositivo acima for interpretado literalmente, procedimento que a boa técnica interpretativa não recomenda, pode-se dizer que alterações levadas a efeito nas condições de habilitação não reclamam a devolução do prazo de publicidade do certame, em virtude de que a lei empregou a expressão "a alteração não afetar a formulação *das propostas*" (grifos nossos).

Tal conclusão, no entanto, é equivocada. Se modificações forem promovidas nas condições de habilitação, afetando a participação de interessados no certame, o prazo de publicidade deve ser devolvido como medida salutar de respeito ao princípio da isonomia e à própria competitividade.

Por fim, cabe anotar que os prazos de publicidade serão contados a partir da última publicação do aviso resumido ou da efetiva disponibilidade do edital para retirada, prevalecendo o evento mais tardio.

2.11 Fase de aprovação da licitação

Promovido o julgamento das propostas de acordo com os critérios estabelecidos no edital, encerram-se, ao menos neste primeiro momento,[45] as atribuições do órgão julgador, e os autos da licitação são encaminhados à autoridade superior para homologação.

Nessa fase de aprovação, a autoridade verificará se persistem os motivos de oportunidade e conveniência que ensejaram a autorização para o desencadeamento do procedimento necessário à contratação e se todas as formalidades legais foram observadas nas suas diversas fases.

Constitui-se em controle amplo, de legalidade estrita e também principiológico, que abrangerá inclusive a análise da legitimidade e que, ao final do procedimento, determinará a consequente homologação, ou não, hipótese em que poderá haver a anulação ou revogação da licitação.

Regra geral, cinco são as possibilidades neste momento: (i) homologar o procedimento em face de sua regularidade formal e material e da permanência dos motivos que ensejaram a abertura do certame, adjudicando o objeto ao vencedor; (ii) revogar o concurso licitatório em razão de fato superveniente e por motivos de interesse público; (iii) anulá-lo por ilegalidade insanável; (iv) declará-lo fracassado em virtude da inabilitação ou desclassificação de todos os licitantes; e (v) declará-lo deserto, em não havendo comparecimento de interessados.

---

[45] É possível que em determinados casos, posteriormente ao julgamento das propostas, o órgão julgador seja instado a se manifestar e até mesmo proferir decisões, por exemplo, na hipótese de interposição de recursos.

Cabe a explicitação da natureza jurídica desses atos, vez que ensejam repercussões diferenciadas quanto à esfera de direitos dos cidadãos e licitantes, bem como determinam condicionantes em relação à vinculação e discricionariedade.

2.11.1 Homologação

No que se refere à homologação do processo, esta pressupõe a análise posterior formal e material de todos os atos praticados no curso da competição. A homologação constitui um controle sob dois aspectos: legalidade e mérito.

Assim, nessa oportunidade, caberá à autoridade competente verificar se ainda persistem as razões de conveniência e oportunidade que ensejaram a expedição do ato inicial autorizador da instauração da licitação (mérito) e, no segundo momento, analisar a regularidade dos atos praticados no curso do procedimento (legalidade).

Ao expedir o ato de homologação, a autoridade competente estará conferindo legitimidade a todos os atos até então praticados.

2.11.2 Revogação

Se ausentes os pressupostos ensejadores do certame, alterados pela superveniência de fato relevante ao interesse público, caberá ao administrador trilhar o caminho da revogação na forma do que dispõe o artigo 49 da Lei nº 8.666/93, artigo 18 do Decreto Federal nº 3.555/00 e artigo 29 do Decreto Federal nº 5.450/05.

Insta destacar que a revogação não se opera em virtude de uma ilegalidade, mas em decorrência de fato superveniente, pertinente e suficiente diretamente relacionado ao interesse público em questão.

Em sede de revogação, a autoridade competente está vinculada aos ditames da lei e do ordenamento jurídico, o que especificamente obriga a explicitação do motivo e a apresentação de fato superveniente, pertinente e suficiente, além da exata correlação deste fato com o interesse público objetivado.

A revogação de uma licitação pode ocorrer a qualquer momento, tanto na fase interna quanto na fase externa do certame, sendo de competência única e exclusiva da entidade licitadora.[46] Operando-se

---

[46] Não cabe ao Poder Judiciário revogar certame licitatório, apenas controlar os aspectos vinculados do ato de revogação.

na fase externa, se os envelopes dos licitantes já estiverem na posse do órgão julgador, para que a revogação se concretize validamente, torna-se obrigatória a instauração do contraditório e da ampla defesa previamente à prática do ato revogador.

2.11.3 Anulação

De outra sorte, o administrador público, ao constatar defeitos, vícios ou ilegalidades, deverá tomar as providências necessárias à restauração da ordem jurídica violada, apresentando-se, como possíveis condutas, o dever de convalidação do ato ilegal, se esta for possível, ou o dever de sua invalidação.[47]

Diferentemente do que ocorre em sede de revogação, a competência para anulação exsurge tanto para a entidade licitadora quanto para o Poder Judiciário, pois decorre de vício de legalidade. Nada será excluído da apreciação judicial,[48] podendo a anulação ser expedida a qualquer momento, tanto na fase interna quanto na fase externa da licitação, até mesmo quando ultimados os atos de todo o processo, devendo, de igual forma, ser observada a necessária instauração prévia do contraditório e da ampla defesa.

2.11.4 Fracasso e deserção

Por fim, ainda nessa fase de aprovação da licitação, a autoridade competente poderá declarar o certame fracassado em virtude da inabilitação/desclassificação de todos os licitantes ou deserto pelo não comparecimento de nenhum interessado.

---

[47] Acerca de anulação de licitação, o Tribunal de Contas da União decidiu: "*Acórdão 766/2009 – Plenário* – A anulação, por parte da Administração, de procedimento licitatório eivado de vício insanável pode afastar a responsabilidade do agente autor do ato ilegal, desde que ocorra sem prejuízo ao erário e aos licitantes, e que não haja indícios de má-fé por parte do gestor". "*Acórdão nº 2.793/2010 – 2ª Câmara* – Determinação à [...] para que atente, nos termos do art. 49 da Lei nº 8.666/1993, c/c o art. 9º da Lei nº 10.520/2002, para o uso do instituto da anulação dos certames licitatórios quando neles constatadas ilegalidades, e não o da revogação, a exemplo do ocorrido em pregão eletrônico de 2009, assegurando-se, em conformidade com o art. 49, §3º, da mesma lei, o contraditório e a ampla defesa aos interessados".

[48] Constituição Federal. "Art. 5º, XXXV - a lei não excluirá da apreciação do Poder Judiciário lesão ou ameaça a direito".

2.11.5 Adjudicação do objeto em licitações para registro de preços

O Decreto Federal nº 7.892/13 trata tão somente da figura da homologação da licitação para registro de preços, silenciando quanto ao ato de adjudicação do objeto ao vencedor. Conforme consta do artigo 13, homologado o resultado da licitação, os fornecedores classificados serão convocados para assinar a ata de registro de preços, dentro do prazo e condições estabelecidos no instrumento convocatório, podendo este prazo ser prorrogado uma vez, por igual período, quando solicitado e desde que ocorra motivo justificado aceito pela Administração.

Nesse contexto, surge a seguinte questão: nas licitações para registro de preços, existe ato de adjudicação do objeto ao vencedor? Penso que a resposta à questão pode ser dada a partir da análise do conteúdo jurídico do ato adjudicatório.

Adjudicar, de acordo com os dicionários da língua portuguesa, significa entregar, atribuir, conceder. Em sede licitatória o significado não muda. O ato de adjudicação entrega, atribui, concede o objeto licitado ao vencedor do certame, apresentando, como efeito jurídico, o direito do adjudicatário de não ser preterido na contratação, se esta efetivamente ocorrer, pois o certame, ainda que tenha sido homologado e adjudicado, poderá ser revogado e até mesmo anulado em momento anterior à celebração do contrato. Em outras palavras, se o objeto licitado for contratado, o será obrigatoriamente com o adjudicatário.

Acerca dos efeitos jurídicos do ato de adjudicação, vale transcrever a lição de Diogenes Gasparini,[49] assim encontrada:

> Da adjudicação surtem os seguintes efeitos jurídicos: a) aquisição, pelo vencedor do certame, do direito de contratar com a pessoa licitante, se houver contratação; b) impedimento da pessoa licitante de contratar o objeto licitado com terceiro; c) liberação dos demais proponentes de todos os encargos da licitação, devolvendo, inclusive, os valores dados em garantia ou liberando terceiros dessa responsabilidade; d) direito dos demais proponentes ao desentranhamento dos documentos apresentados, mantidas as respectivas cópias no processo licitatório; e) vedação de Administração Pública licitante promover novo certame enquanto em vigor a adjudicação; f) responsabilidade do vencedor, como se fosse inadimplente contratual, caso não assine o contrato no prazo marcado pela entidade licitante; g) vinculação do adjudicatário aos encargos, termos e condições fixados no edital ou carta-convite e aos estabelecidos em sua proposta.

---

[49] GASPARINI. *Direito administrativo*, p. 684.

Da doutrina acima, dessume-se que as licitações para registrar preços não apresentam aqueles efeitos anunciados nas alíneas "a" (direito do vencedor do certame de ser contratado), "b" (impedimento de se contratar o objeto com terceiro) e "e" (vedação de se promover nova licitação).

Assim sendo, o ato de adjudicação, em razão do seu conteúdo e dos seus efeitos jurídicos, inexiste em licitações para registro de preços. Estes, a meu ver, são os fundamentos jurídicos para que certames licitatórios dessa natureza sejam apenas homologados pela autoridade competente.

CAPÍTULO 3

ATA DE REGISTRO DE PREÇOS

JOEL DE MENEZES NIEBUHR

3.1 Ata de registro de preços

Em procedimento comum, que não envolve registro de preços, a Administração lança licitação definindo o que e em que quantidade pretende contratar e os licitantes oferecem propostas. O vencedor do certame é convocado pela Administração para firmar contrato. Com o contrato, o licitante obriga-se a prestar os bens por ele ofertados em licitação e a Administração obriga-se a recebê-los todos e a pagar por eles. Ou seja, os processos de contratação comuns abrangem duas grandes etapas, a licitação e o contrato. Nesse sentido, o contrato é a consequência imediata da licitação.

No registro de preços é diferente, porque o vencedor da licitação não assina imediatamente contrato com a Administração. Como visto, com o contrato, o licitante obriga-se a oferecer dado bem e a Administração a pagar por ele. Ambos assumem obrigações recíprocas. O vencedor da licitação concernente ao registro de preços, antes do contrato, assina o que se chama de *ata de registro de preços*. Nela, o vencedor da licitação registra o seu preço, obrigando-se a oferecer à Administração, de acordo com a demanda dela, o objeto licitado, de acordo com as especificações e preço ofertado por ele no certame. A Administração, por seu turno, não assume obrigação nenhuma. Ou seja, no registro de preços, entre a licitação e o contrato há a ata de registro de preços. Por isso é que se afirma que o registro de preços abrange três etapas, licitação, ata de registro de preços e contrato.

Nesse prisma, o inciso II do parágrafo único do artigo 2º do Decreto Federal nº 7.892/13 define ata de registro de preços como o "documento vinculativo, obrigacional, com característica de compromisso para futura contratação, em que se registram os preços, fornecedores, órgãos participantes e condições a serem praticadas, conforme as disposições contidas no instrumento convocatório e propostas apresentadas".

A ata de registro de preços é documento que produz obrigações de modo unilateral, somente para o vencedor da licitação. A Administração, por sua vez, não assume obrigação nenhuma por ocasião da assinatura da ata de registro de preços. A obrigação do vencedor da licitação, signatário da ata de registro de preços, é a de fornecer o bem ou prestar o serviço objeto da ata para a Administração, de acordo com as especificações da sua proposta e com o preço apresentado por ocasião do certame, dentro do prazo de vigência, que é de, no máximo, um ano.

Trocando-se em miúdos, o signatário da ata de registro de preços assume para com a Administração o compromisso de contratar com ela o objeto consignado na ata de registro de preços, nas condições e preço oferecidos durante a licitação, dentro do prazo de validade dela. A Administração, assinada a ata de registro de preços, contrata se quiser, na quantidade que quiser, dentro do que foi fixado no edital, de acordo com as condições e preço obtidos na licitação, dentro do prazo de validade da ata de registro de preços.

Advirta-se que a ata de registro de preços não se confunde com o contrato. Ela precede o contrato. A rigor, a ata de registro de preços apresenta natureza jurídica de contrato preliminar ou pré-contrato unilateral, a teor do disposto no artigo 466 do Código Civil. Ela é documento que formaliza avença por meio do qual uma pessoa assume a obrigação de contratar com a Administração dentro do prazo estabelecido, nas condições e com o preço já apresentado durante a licitação.

Em apertada síntese, a ata de registro de preços é documento que formaliza pré-contrato unilateral, por meio do qual o seu signatário assume o compromisso de firmar contratos com a Administração em relação ao objeto consignado na ata, de acordo com as condições e preços ofertados por ele durante a licitação, dentro do prazo de validade dela.

3.2 Conteúdo da ata de registro de preços

A legislação sobre o registro de preços e, sobremodo, o Decreto Federal nº 7.892/13 não esclarecem o conteúdo da ata de registro de preços. Sem embargo, na qualidade de pré-contrato unilateral, deve conter todos os elementos essenciais do futuro contrato, aplicando-se subsidiariamente o disposto no artigo 462 do Código Civil.

Repita-se que ata de registro de preços é documento por meio do qual o vencedor da licitação assume o compromisso de prestar o objeto consignado na ata, nas condições e preço apresentados na licitação, dentro do prazo de vigência da ata.

Logo, o teor da ata de registro de preços deve veicular as seguintes informações:

    a) a qualificação da pessoa que assina a ata, que assume a obrigação perante a Administração;

    b) o objeto da ata de registro de preços, que é o objeto licitado;

    c) as condições para a execução do objeto;

    d) o preço por unidade, que é o oferecido na licitação;

    e) o prazo de validade da ata, que é de, no máximo, um ano, também já fixado no edital;

    f) o procedimento para a formalização dos futuros contratos decorrentes da ata de registro de preços.

Note-se que expressiva parcela do conteúdo da ata de registro de preços é preestabelecida na licitação. Isso ocorre por força do princípio da vinculação ao instrumento convocatório.

Hely Lopes Meirelles, comentando os efeitos do instrumento convocatório, enfatiza

> [...] que a Administração e os licitantes ficam sempre adstritos aos termos do pedido ou do permitido no instrumento convocatório da licitação, quer quanto ao procedimento, quer quanto à documentação, às propostas, ao julgamento ou ao contrato.[50]

O instrumento convocatório não vincula tão somente o procedimento licitatório, mas também tudo o que dele advier. Não é plausível que, conquanto o certame por ele seja pautado, a ata de registro de preços e o contrato, que lhes são decorrentes, apontem objeto ou conteúdo diverso. A ata de registro de preços é vinculada à licitação pública; o conteúdo dela é previamente moldado pelo conteúdo do instrumento convocatório.

Nessa senda, é possível simplificar sobremaneira o conteúdo da ata de registro de preços, remetendo uma série de informações ao

---

[50] MEIRELLES. *Licitação e contrato administrativo*, p. 31.

processo de licitação. Se assim o for, a ata de registro de preços pode ter o seguinte teor: *Fulano de tal (devidamente qualificado) assina a presente ata de registro de preços, obrigando-se a fornecer o objeto XX, de acordo com as especificações e nas condições propostas na licitação n° 00, pelo preço certo de R$00,00, dentro do prazo de XX.*

Ou seja, a ata de registro de preços pode ser documento com conteúdo muito simples e reduzido. Entretanto, há quem prefira ata de registro de preços mais completa, que repete o que está na licitação para que tudo fique claro. Pois bem, trata-se de opção dos agentes administrativos. A ata de registro de preços pode ser mais resumida ou mais completa, conforme a análise de conveniência dos agentes administrativos, especialmente porque, diga-se mais uma vez, o Decreto Federal nº 7.892/13 e a legislação não prescrevem normas sobre o seu conteúdo e teor.

3.3 Formalização da ata de registro de preços

3.3.1 Aprovação da assessoria jurídica

O parágrafo único do artigo 38 da Lei nº 8.666/93 prescreve que *as minutas de editais de licitação, bem como as dos contratos, acordos, convênios ou ajustes, devem ser previamente examinadas e aprovadas por assessoria jurídica da Administração.*

Bem se vê que o referido dispositivo não se refere diretamente à ata de registro de preços. Nada obstante isso, ele se refere a *ajustes* de modo geral. A ata de registro de preços, como dito, tem natureza jurídica de pré-contrato unilateral e, sob esse quadro, é uma espécie de ajuste ou algo congênere a contrato, ainda que com ele não se confunda. De qualquer maneira, a ata de registro de preços prevê todas as condições do futuro contrato. Por via de consequência, a minuta da ata de registro de preços, conquanto, repita-se, não referida diretamente no parágrafo único do artigo 38 da Lei nº 8.666/93, deve ser, antes de assinada, aprovada pela assessoria jurídica.

Em âmbito federal, a Lei Complementar nº 73/93, que trata da Advocacia-Geral da União, atribui às consultorias jurídicas, na alínea "a" do inciso VI do artigo 14, a competência para examinar *os textos de edital de licitação, como os dos respectivos contratos ou instrumentos congêneres, a serem publicados e celebrados.*

Na mesma linha, a ata de registro de preços é pré-contrato, logo, instrumento congênere a contrato, ainda que com ele não se confunda. Daí que, quer em razão do parágrafo único do artigo 38 da Lei nº 8.666/93, quer, na órbita federal, por força da alínea "a" do inciso VI do artigo 14 da Lei Complementar nº 73/93, as minutas das atas de registro de preços devem ser previamente analisadas e aprovadas pela assessoria jurídica, da mesma forma que ocorre com as minutas dos editais de licitação e dos instrumentos de contrato.

3.3.2 Assinatura da ata de registro de preços

A ata de registro de preços, como já afirmado, é documento por meio do qual o fornecedor assume o compromisso de firmar futuros contratos com a Administração em relação ao objeto nela consignado, de acordo com as condições e preço decorrentes de processo de licitação. A Administração não assume obrigações na ata de registro de preços. Uma vez assinada a ata de registro de preços, a Administração contrata se quiser, na quantidade que quiser (desde que não ultrapasse o quantitativo previsto no edital) e quando quiser (dentro do prazo de validade da ata de registro de preços). Nesse sentido, defende-se que a ata de registro de preços é pré-contrato unilateral, isto é, em que somente uma parte contrai obrigações, que é o fornecedor. Por conseguinte, basta que o fornecedor assine a ata de registro de preços; não é necessário que a Administração a assine, já que, repita-se, ela não contrai obrigações.[51]

Se a licitação que antecede o registro de preços abrange vários objetos divididos em vários itens, a Administração goza da opção de firmar uma ata de registro de preços que contenha a integralidade dos itens ou firmar várias, uma para cada item ou para grupos de itens.

Explicando melhor, nas situações em que a licitação é julgada por itens, cada um deles pode ter um vencedor diferente. Se são dez itens, é possível que haja dez fornecedores diferentes, um para cada item. Nesse sentido, a Administração deve avaliar se é melhor firmar uma ata somente, que trate dos dez itens e, pois, nela será necessária a aposição da assinatura dos dez fornecedores. Ou se é mais conveniente firmar uma ata para cada item e para cada fornecedor. A opção é da Administração.

---

[51] Nada obstante, na prática, a Administração vem assinando juntamente com o fornecedor a ata de registro de preços.

3.3.3 Recusa do primeiro classificado em assinar a ata de registro de preços

De acordo com o artigo 13 do Decreto Federal nº 7.892/13, homologado o resultado da licitação, os fornecedores devem ser convocados para assinar a ata de registro de preços, dentro do prazo e condições estabelecidos no instrumento convocatório, podendo o prazo ser prorrogado uma vez, por igual período, quando solicitado pelo fornecedor e desde que ocorra motivo justificado aceito pela Administração.

O parágrafo único do mesmo artigo 13 prescreve que, quando o convocado não assinar a ata de registro de preços no prazo e condições estabelecidos, a Administração pode convocar os licitantes remanescentes, na ordem de classificação, para fazê-lo em igual prazo e nas mesmas condições propostas pelo primeiro classificado, inclusive, por conseguinte, com o mesmo preço.

Muitas vezes, essa exigência de que o convocado iguale o preço do licitante que se recusou a assinar a ata ou o contrato inviabiliza a contratação e força a Administração a proceder à nova licitação. E isso porque, com frequência, o licitante se recusa a assinar a ata ou o contrato ao tomar conta de que o preço proposto por ele é inexequível. Assim sendo, ele recusa-se a assinar a ata ou o contrato, uma vez que, se o fizesse, operaria em prejuízo. E o ponto é que, se o segundo colocado no certame, posteriormente convocado para assinar a ata ou o contrato, aceitar igualar o preço proposto pelo primeiro colocado, também ele acabará por operar em prejuízo, com preço inexequível. Em razão disso, o segundo colocado, quando convocado, ainda que agindo de boa-fé, costuma recusar-se a igualar o preço do primeiro colocado e, por via de consequência, a assinar a ata ou o contrato, compelindo a Administração, como dito, a proceder à nova licitação.

Pois bem, nas hipóteses em que a licitação é realizada de acordo com as modalidades da Lei nº 8.666/93, diante da recusa do vencedor da licitação, à Administração é facultado convocar os licitantes remanescentes, na ordem de classificação, desde que nas mesmas condições, inclusive o preço (§2º do artigo 64 da Lei nº 8.666/93). Portanto, a sistemática do Decreto Federal nº 7.892/13 não diverge da Lei nº 8.666/93. Em ambas, os licitantes remanescentes, se quiserem assinar o contrato ou a ata, devem aceitar o preço oferecido pelo primeira classificado.

Sem embargo, na modalidade pregão, regida pela Lei nº 10.520/02, os requisitos para a convocação dos demais classificados são diferentes. Em obediência ao inciso XXIII do artigo 4º da Lei nº 10.520/02, "se o licitante vencedor, convocado dentro do prazo de validade de sua proposta, não celebrar o contrato, aplicar-se-á o disposto no inciso XVI" do mesmo artigo. O inciso XVI do mesmo artigo, por sua vez, expressa o seguinte: "se a oferta não for aceitável ou se o licitante desatender às exigências habilitatórias, o pregoeiro examinará as ofertas subsequentes e a qualificação dos licitantes, na ordem de classificação, e assim sucessivamente, até a apuração de uma que atenda ao edital, sendo o respectivo licitante declarado vencedor".

Bem se vê que o inciso XVI do artigo 4º da Lei nº 10.520/02 se refere às situações em que a proposta do licitante mais bem classificado no julgamento é considerada inaceitável ou em que o próprio licitante é inabilitado. Em face dessas situações, o dispositivo supracitado requer que o pregoeiro examine as ofertas subsequentes e a qualificação dos licitantes, na ordem de classificação, até que encontre quem atenda ao edital. Dessa forma, moldando-se tal dispositivo ao inciso XXIII do artigo 4º da Lei nº 10.520/02, se o vencedor da licitação recusar-se a assinar o contrato dentro do prazo de validade da sua proposta, a Administração deve convocar para fazê-lo o segundo classificado, desde que a sua proposta seja aceitável e ele seja considerado habilitado, e, assim, sucessivamente, até que apure um que atenda às condições do edital. Ou seja, em termos práticos, não é necessário que o segundo colocado aceite praticar o mesmo preço do primeiro colocado, diferentemente da solução do §2º do artigo 64 da Lei nº 8.666/93 e do parágrafo único do artigo 13 do Decreto Federal nº 7.892/13.

Percebe-se contradição entre o parágrafo único do artigo 13 do Decreto Federal nº 7.892/13 e os incisos XXIII e XVI do artigo 4º da Lei nº 10.520/02. Na linha do Decreto regulamentar do registro de preços, se o primeiro colocado recusar-se a assinar a ata, o segundo somente pode fazê-lo se aceitar o preço do primeiro. Por sua vez, consoante a legislação do pregão, diante da recusa do primeiro colocado, o segundo pode ser contratado com o seu próprio preço, não sendo necessário igualar ao do licitante desistente.

Em face da contradição, pode-se cogitar de dúvida a respeito de como proceder nas hipóteses em que a licitação é realizada sob a modalidade pregão para promover registro de preços. Se o vencedor do pregão recusar-se a assinar a ata, o segundo pode assinar com o seu próprio preço ou precisa aceitar o preço do primeiro desistente? Aplica-se a solução do parágrafo único do artigo 13 do Decreto Federal nº 7.892/13 ou dos incisos XXIII e XVI do artigo 4º da Lei nº 10.520/02? A rigor, tais questões não guardam complexidade, haja vista que, em decorrência do princípio da legalidade, as normas contidas em decreto não podem prevalecer sobre as prescritas em lei. A contradição resolve-se em benefício da norma legal, que está em grau hierárquico superior, por efeito do que a norma do decreto que lhe é contrária qualifica-se como ilegal.

Por conclusão, a parte final do parágrafo único do artigo 13 do Decreto Federal nº 7.892/13 é aplicável somente nos registros de preços cujas licitações que lhe foram precedentes seguiram as modalidades da Lei nº 8.666/93, em harmonia com o §2º do artigo 64 da Lei nº 8.666/93. Nesses casos, se o primeiro colocado recusar-se a assinar a ata, o segundo, para assinar, é obrigado a aceitar todas as condições oferecidas pelo primeiro, inclusive quanto ao preço. Dessa sorte, a solução prevista no final do parágrafo único do artigo 13 do Decreto Federal nº 7.892/13 não se aplica às situações em que a licitação precedente foi realizada na modalidade pregão, uma vez que os incisos XXIII e XVI do artigo 4º da Lei nº 10.520/02, mais fortes do que qualquer norma contida em decreto, preconizam que o segundo colocado pode ser contratado com o seu próprio preço.

3.3.4 Assinatura da ata concomitantemente por mais de um fornecedor

O inciso I artigo 11 do Decreto Federal nº 7.892/13 prescreve que a ata de registro de preços deve ser assinada por todos os licitantes que concordarem realizar o preço do vencedor da licitação. Em seguida, o inciso III do mesmo artigo prescreve que "a ordem de classificação dos licitantes registrados na ata deverá ser respeitada nas contratações".

Dito de outra forma, o licitante que quiser pode assinar a ata de registro de preços, desde que aceite realizar o preço do vencedor do certame. Todavia, isto não significa que os licitantes estão em igualdade. Nessas situações, forma-se uma ordem de classificação dentro da própria ata de registro de preços, que espelha a classificação da licitação.

Em termos práticos, os contratos devem ser firmados com o vencedor da licitação. Apenas na falta dele, se ele recusar-se a assinar os contratos ou ver-se impedido de fazê-lo, é que a Administração contratará os demais, respeitada a ordem de classificação. Com esse timbre, o §1º do artigo 11 do Decreto Federal nº 7.892/13 é claro e direto ao preceituar que "o registro a que se refere o *caput* tem por objetivo a formação de cadastro de reserva".

O disposto no artigo 11 do Decreto Federal nº 7.892/13 aplica-se perfeitamente nas hipóteses em que a licitação que antecede o registro de preços for processada sob a modalidade concorrência. Nesse caso, não há qualquer obstáculo para que mais de um fornecedor assine a ata de registro de preços para cada um dos itens. Ou seja, todos os classificados, do primeiro ao último, podem assinar a ata de registro de preços. O requisito é que todos concordem com as condições e o preço ofertado pelo primeiro colocado. Nessa situação, o vencedor da licitação goza de preferência, é ele quem deve ser o contratado. Entretanto, se o vencedor recusar-se a cumprir os seus compromissos, a firmar o contrato, a Administração poderá fazê-lo com os demais fornecedores que também assinaram a ata de registro de preços, desde que sempre de acordo com a ordem de classificação.

Sem embargo, se a licitação que antecede o registro de preços for promovida na modalidade pregão, não será viável, pelo menos em regra, que mais de um fornecedor assine a ata de registro de preços. A sistemática da modalidade pregão cria empeço para a aplicação do artigo 11 do Decreto Federal nº 7.892/13.

Ocorre que, na modalidade pregão, a Administração analisa a aceitabilidade da proposta e verifica as condições de habilitação somente do vencedor da etapa de lances. Na modalidade concorrência, ao contrário, todos os licitantes que tiveram suas propostas abertas foram anteriormente habilitados, excetuada a situação de microempresas e empresas de pequeno porte, nos termos dos artigos 42 e 43 da Lei Complementar nº 123/07. Portanto, na concorrência é viável que mais de um fornecedor assine a ata de registro de preços, porquanto todos eles foram, em regra, previamente habilitados. No pregão não é viável, porque apenas o vencedor da etapa de lances foi habilitado. Pessoa não habilitada no certame não pode assinar a ata de registro de preços.

Para que mais de um fornecedor assine a ata de registro de preços nos casos de licitação promovida sob a modalidade pregão, seria necessário tratar da habilitação de todos eles e não apenas do vencedor da etapa de lances. Este procedimento seria ilegal, incompatível com as normas da Lei nº 10.520/02. Ademais, desvirtuaria a modalidade pregão, retirando-lhe características essenciais. Ter-se-ia que realizar a habilitação de todos os licitantes e tratar da aceitabilidade das propostas de todos — e não apenas do vencedor da etapa de lances. Portanto, quando a licitação é realizada sob a modalidade pregão, a Administração deve seguir o modelo tradicional e, em face das características da modalidade pregão, permitir apenas que o adjudicatário assine a ata de registro de preços, afastando a possibilidade prescrita no artigo 11 do Decreto Federal nº 7.892/13.

3.3.5 Publicação do extrato da ata de registro de preços na imprensa oficial

O parágrafo único do artigo 61 da Lei nº 8.666/93 exige a publicação resumida do instrumento de contrato na imprensa oficial. Como visto, a ata de registro de preços é pré-contrato unilateral, não se confunde com o contrato em si. Então, o dispositivo supracitado não incide sobre a ata de registro de preços, não obriga a publicação dela em imprensa oficial.

O artigo 14 do Decreto Federal nº 7.892/13 preceitua que "a ata de registro de preços implicará compromisso de fornecimento nas condições estabelecidas, após cumpridos os requisitos de publicidade". Depreende-se que a ata de registro de preços somente deve produzir efeitos, ou seja, somente se constitui compromisso de fornecimento, depois de cumpridos os requisitos de publicidade. Antes de cumpridos tais requisitos, os fornecedores ou prestadores de serviços subscritores da ata de registro de preços não podem firmar contratos ou instrumentos equivalentes. Ou seja, a Administração não pode contratar com base em ata de registro de preços que ainda não foi devidamente publicada.

O revogado Decreto Federal nº 3.931/01 veiculava norma similar à do artigo 14 do atual Decreto Federal, o de nº 7.892/13. Sem embargo, o antigo Decreto Federal não prescrevia quais seriam os requisitos de publicidade, portanto onde e em que meios a ata de registro de preços deveria ser publicada.

O Decreto Federal nº 7.892/13, por sua vez, prescreve, no inciso II do seu artigo 11, que "o preço registrado com indicação dos fornecedores será divulgado no Portal de Compras do Governo Federal e ficará disponibilizado durante a vigência da ata de registro de preços". Portanto, o atual Decreto versa sobre o meio de publicidade da ata de registro de preços, sem exigir que se realize na imprensa oficial. No entanto, o fato de o Decreto Federal nº 7.892/13 exigir a publicação da ata de registro de preços apenas na internet não significa que a publicação na imprensa oficial esteja dispensada.

Sucede que o §2º do artigo 15 da Lei nº 8.666/93 demanda a publicação trimestral dos preços registrados na imprensa oficial. Note-se que o referido dispositivo não exige expressamente a publicação da ata de registro de preços. Entretanto, ele exige a publicação dos preços registrados. Ora, para publicar os preços, é necessário indicar o produto e o fornecedor. Por conseguinte, deve-se publicar, ainda que isto não esteja escrito claramente, uma espécie de extrato da ata de registro de preços.

O §2º do artigo 15 da Lei nº 8.666/93 exige publicação trimestral, o que é condição para que se mantenha a vigência da ata de registro de preços. Ora, se exige a publicação trimestral, não faria sentido dispensar a publicação no momento da assinatura, quando passa a produzir efeitos. Em linha sistêmica, a publicação na imprensa oficial deve acontecer na assinatura da ata de registro de preços e, a partir de então, a cada três meses. Além disso, a ata de registro de preços deve ser disponibilizada no Portal de Compras do Governo Federal, daí com fundamento no inciso II do artigo 11 do Decreto Federal nº 7.892/13.

A propósito, imprensa oficial, segundo o inciso XIII do artigo 6º da Lei nº 8.666/93, é *o veículo oficial de divulgação da Administração Pública, sendo, para a União, o Diário Oficial da União, e, para os Estados, o Distrito Federal e os Municípios, o que for definido nas respectivas leis.*

Em resumo, a ata de registro de preços deve ser aprovada pela assessoria jurídica e assinada. Depois disso, deve-se publicar o extrato da ata de registro de preços na imprensa oficial e disponibilizá-la no Portal de Compras do Governo Federal, o que, a teor inciso II do artigo 11 combinado com o artigo 14, ambos do Decreto Federal nº 7.892/13, é condição para que ele produza os seus efeitos. Ademais, a cada três meses, é necessário providenciar nova publicação na imprensa oficial do extrato da ata, em vista do estatuído no §2º do artigo 15 da Lei nº 8.666/93.

3.4 Prazo de vigência e prorrogação da ata de registro de preços

O inciso III do §3º do artigo 15 da Lei nº 8.666/93 é categórico ao prescrever que o regulamento a respeito do registro de preços deve observar que a validade da ata de registro de preços não poderá ser superior a um ano. Ressalva-se que o dispositivo supracitado refere-se à *validade do registro*. Isso significa, a rigor, *prazo de vigência* da ata de registro de preços. Em termos práticos, a ata de registro de preços não deve produzir efeitos depois de um ano a contar da sua publicação. Esclareça-se que a ata de registro de preços pode apresentar prazo de vigência menor do que um ano, de acordo com a análise de conveniência da Administração, porém nunca superior a ele.

É permitido, inclusive, prorrogar a ata de registro de preços, a teor do que dispõe o artigo 12 do Decreto Federal nº 7.892/13, desde que o período total de vigência dela, contando com a prorrogação, não ultrapasse um ano.

O §2º do artigo 4º do revogado Decreto Federal nº 3.931/01 veiculava norma abertamente ilegal, uma vez que admite a prorrogação da vigência da ata, nos termos do §4º do artigo 57 da Lei nº 8.666/93, desde que sob condições vantajosas. Em termos práticos, o supracitado dispositivo permitia que as atas de registro de preços fossem estendidas por outros doze meses, afora os doze meses iniciais. Nessa medida, rivalizava abertamente com o inciso III do §3º do artigo 15 da Lei nº 8.666/93, cujo texto prescreve, repita-se, de modo categórico, que a validade do registro não deve ser superior a um ano. Essa possibilidade, de prorrogar a ata para além de doze meses, foi categoricamente rechaçada pelo Tribunal de Contas da União, conforme Acórdão nº 991/2009, do Plenário. A Advocacia Geral da União também se manifestou contrariamente na Orientação Normativa nº 19/2009.

O atual Decreto Federal nº 7.892/13 não reproduziu o §2º do artigo 4º do Decreto Federal nº 3.931/01. Assim o sendo, não se encontra mais no Decreto Federal que regulamenta o registro de preços previsão para a prorrogação da ata de registro de preços que ultrapasse doze meses, o que é positivo, porque, desse modo, o atual Decreto Federal harmoniza-se com o comando do inciso III do §3º do artigo 15 da Lei nº 8.666/93.

Convém anotar que o parágrafo único do artigo 99 do Decreto Federal nº 7.581/11, cujo teor regulamenta o Regime Diferenciado de Contratações, prescreve que a vigência da ata é limitada a doze meses, porém com prazo mínimo de três meses. Este prazo mínimo é exigido apenas nas atas de registro de preços decorrentes do Regime Diferenciado de Contratações. Não há exigência do tipo na Lei nº 8.666/93 e no Decreto Federal nº 7.892/13.

3.5 Alteração da ata de registro de preços

A grande vantagem do registro de preços é que a Administração não é obrigada a contratar mesmo que assinada a ata de registro de preços, conforme se depreende do §4º do artigo 15 da Lei nº 8.666/93. O fornecedor, assinando a ata de registro de preços, assume a obrigação de prestar o objeto consignado nela, de acordo com as condições e o preço obtidos na licitação. A Administração contrata, insista-se, se quiser, na quantidade que quiser (desde que não ultrapasse o quantitativo total) e quando quiser (desde que dentro do prazo de vigência da ata).

Dentro desse panorama, à Administração é permitido contratar apenas parcialmente o quantitativo previsto na ata de registro de preços. Por exemplo, a ata de registro de preços consigna cem computadores.

A Administração, ao final da vigência dela, pode ter comprado apenas cinquenta, sessenta ou quantos forem, desde que não ultrapasse cem computadores.

Por via de consequência, a Administração costuma prever em editais de licitação para promover registro de preços quantitativo superior a sua real estimativa, criando uma espécie de margem de reserva. Se tudo correr conforme o planejado, compra-se apenas o quantitativo correspondente à estimativa real. Se a demanda for superior à estimativa real, não haverá problemas, porque a ata de registro de preços já prevê reserva de quantitativo superior para fazer frente a situações excepcionais.

Além da possibilidade de prever quantitativo superior à estimativa real, o *caput* do artigo 12 do antigo e revogado Decreto Federal nº 3.931/01 admitia que se promovesse aditivo à ata de registro de preços, em consonância com os parâmetros estabelecidos no artigo 65 da Lei nº 8.666/93. Portanto, o entendimento corrente era que a ata de registro de preços podia ser alterada, inclusive sofrer acréscimos e supressões, da mesma forma e nos mesmos limites dos contratos administrativos.

O atual Decreto Federal nº 7.892/13 tornou a matéria controvertida, em face do §1º do seu artigo 12, cujo texto prescreve que "é vedado efetuar acréscimos nos quantitativos fixados pela ata de registro de preços, inclusive o acréscimo de que trata o §1º do art. 65 da Lei nº 8.666, de 1993".

A propósito, esclareça-se que as alterações do objeto do contrato e, pois, da ata de registro de preços podem ser de quatro tipos. Em primeiro lugar, as alterações podem ser unilaterais ou consensuais. As unilaterais são as promovidas pela Administração independentemente da aquiescência do fornecedor. As alterações consensuais são aquelas que contam com a concordância do signatário da ata de registro de preços. Anote-se que o inciso I do artigo 65 da Lei nº 8.666/93 trata das alterações unilaterais e o inciso II do mesmo artigo versa sobre as consensuais.

Em segundo lugar, as alterações podem ser quantitativas ou qualitativas. As alterações quantitativas afetam a dimensão do objeto, para o efeito de promover acréscimo ou supressão. As alterações qualitativas, por exclusão, não afetam a dimensão do objeto, porém a técnica empregada, a qualidade, as especificações do objeto. Noticia-se que a alínea "a" do inciso I do artigo 65 da Lei nº 8.666/93 prevê a alteração qualitativa e a alínea "b" do mesmo inciso a alteração quantitativa.

A questão fundamental em relação aos aditivos diz respeito aos seus limites. Com efeito, o §1º do artigo 65 da Lei nº 8.666/93 enuncia que "o contratado fica obrigado a aceitar, nas mesmas condições contratuais, os acréscimos ou supressões que se fizerem nas obras, serviços ou compras, até 25% (vinte e cinco por cento) do valor inicial atualizado do contrato, e, no caso particular de reforma de edifício ou de equipamento, até o limite de 50% (cinquenta por cento) para os seus acréscimos".

Da leitura do dispositivo supracitado conclui-se que a passagem em que o legislador afirma que "o contratado fica obrigado a aceitar" significa que a alteração tratada nele é unilateral. Demais disso, da passagem em que o legislador refere-se a "acréscimos ou supressões" conclui-se que a alteração é do tipo quantitativa. Logo, o §1º do artigo 65 da Lei nº 8.666/93 diz respeito às alterações unilaterais quantitativas, isto é, aquelas que independem da concordância do contratado ou do signatário da ata de registro de preços e que afetam a dimensão do objeto.

Prosseguindo-se, o §2º do artigo 65 da Lei nº 8.666/93 prescreve que "nenhum acréscimo ou supressão poderá exceder os limites estabelecidos no parágrafo anterior", salvo, em conformidade com o seu inciso II, "as supressões resultantes de acordo celebrado entre os contratantes".

Pois bem, o §2º do artigo 65 refere-se expressamente a "acréscimo ou supressão". Por via de consequência, a alteração nele versada é quantitativa. Como visto, a alteração quantitativa pode ser unilateral ou consensual. A unilateral já é disciplinada pelo §1º do mesmo artigo. Assim o sendo, o §2º do artigo 65 somente pode disciplinar o tipo de alteração quantitativa restante, que é a consensual, ou seja, aquela que depende da aquiescência do contratado. Então, o tipo de alteração contratual a que diz respeito o §2º do artigo 65 da Lei nº 8.666/93 é a consensual quantitativa.

Em relação à alteração consensual quantitativa, o legislador apartou os acréscimos das supressões. Os acréscimos estão sujeitos aos mesmos limites do §1º do artigo 65 da Lei nº 8.666/93, isto é, 25% (vinte e cinco por cento) do valor inicial atualizado. As supressões, no entanto, não estão sujeitas a limite algum, desde que, enfatiza-se, sejam consensuais, na forma como dispõe o inciso II do §2º do artigo 65 da Lei nº 8.666/93.

Sublinha-se que as supressões não têm aplicação prática em relação à ata de registro de preços. Não há razões para a Administração suprimir a ata de registro de preços, já que ela não é obrigada a contratar todo o quantitativo nela consignado. Ora, como já ressaltado, assinada a ata de registro de preços, a Administração contrata o quantitativo que quiser, o fixado na ata serve como limite máximo. A Administração, por exemplo, não está obrigada a contratar cem por cento, setenta e cinco por cento ou cinquenta por cento da quantidade registrada na ata. Daí que não há utilidade em promover supressões. Quer dizer que as supressões são afastadas naturalmente, porque não há necessidade ou utilidade, dado que, insista-se, a Administração só contrata o que quiser, não precisa respeitar a quantidade prevista na ata, que serve como máximo e não como mínimo.

Em ata de registro de preços é vedado esse tipo de alteração de natureza quantitativa, previsto nos parágrafos 1º e 2º do artigo 65 da Lei nº 8.666/93, haja vista a prescrição do §1º do artigo 12 do Decreto Federal nº 7.892/13.

Conclui-se, diante da proibição específica para as alterações quantitativas prevista no §1º do artigo 12 do Decreto Federal nº 7.892/13, que os demais tipos de alterações, notadamente as de ordem qualitativa, são permitidas. Ou seja, é permitido alterar a ata para realizar as outras espécies de alterações enumeradas nos incisos I e II do artigo 65 da Lei nº 8.666/93, exceto as de natureza quantitativa, prevista na alínea "b" do inciso II do artigo 65 da Lei nº 8.666/93. De maneira mais direta, esclareça-se que são permitidas as alterações previstas na alínea "a" do inciso I e nas alíneas "a", "b", "c" e "d" do inciso II, todas do artigo 65 da Lei nº 8.666/93.

Em relação às alterações incidentes sobre o objeto da ata de registro de preços, excluindo as de natureza quantitativa, expressamente proibidas, destacam-se as de natureza qualitativa, que encontram fundamento na alínea "a" do inciso I do artigo 65 da Lei nº 8.666/93. Como já mencionado, as alterações qualitativas não afetam a dimensão, a quantidade ou o tamanho do objeto, não importam acréscimo ou supressão, elas recaem sobre a técnica empregada, a qualidade, as especificações do objeto. Repita-se que não há vedação à promoção de alterações qualitativas em ata de registro de preços.

A Lei nº 8.666/93 não prescreve limites explícitos às alterações qualitativas. Como visto, o legislador determinou limites para as alterações quantitativas, mormente para os seus acréscimos, por regra, em 25% (vinte e cinco por cento) do valor inicial atualizado do contrato. Não há maiores restrições às alterações qualitativas que não ultrapassam tais percentagens. Ora, o que é permitido para as alterações quantitativas, também deve sê-lo para as alterações qualitativas. A grande questão reside na possibilidade ou não de promover alterações qualitativas acima dos limites preceituados nos §§1º e 2º do artigo 65 da Lei nº 8.666/93. E, nesse diapasão, se for possível, estabelecer algum limite, algum parâmetro, para que não haja abusos.

Com efeito, como o legislador não estabeleceu limites explícitos e fixos para as alterações qualitativas, é de concluir pela possibilidade de promovê-las em limites superiores aos estipulados nos §§1º e 2º do artigo 65 da Lei nº 8.666/93. Ora, tais dispositivos tratam dos limites às alterações quantitativas. Se o legislador quisesse que tais limites servissem também para as alterações qualitativas, ele o teria feito expressamente. Não é correto aplicar os limites preceituados nos §§1º e 2º do artigo 65 da Lei nº 8.666/93 em relação às alterações qualitativas, o que ensejaria espécie de interpretação extensiva, que foge dos lindes da própria legalidade mesmo em seu sentido amplo. Portanto, é permitido promover alteração qualitativa que ultrapasse os limites dos §§1º e 2º do artigo 65 da Lei nº 8.666/93.

Muito embora seja permitido promover alteração qualitativa em percentagem superior à delineada nos §§1º e 2º do artigo 65 da Lei nº 8.666/93, é fundamental que se erga algum parâmetro, algum limite. Ante a omissão do legislador, ao intérprete cabe recorrer aos princípios regentes do Direito Administrativo, como os da proporcionalidade, razoabilidade, eficiência, economicidade, finalidade, etc. Melhor seria se o legislador tivesse enfeixado limites expressos, porém na falta deles os princípios oferecem-se como subsídio precioso para que se possa realizar alguma espécie de controle e obstar atos abusivos.

O Tribunal de Contas da União enfrentou o tema dos limites às alterações qualitativas por ocasião de consulta que lhe foi formulada pelo ex-Ministro do Meio Ambiente, dos Recursos Hídricos e da Amazônia Legal, Gustavo Krause Gonçalves Sobrinho. Trata-se da Decisão nº 215/99, que de início anotou o seguinte:

> [...] tanto as alterações contratuais quantitativas — que modificam a dimensão do objeto — quanto as unilaterais qualitativas — que mantêm intangível o objeto, em natureza e em dimensão — estão sujeitas aos limites preestabelecidos nos §§1º e 2º do art. 65 da Lei nº 8.666/93, em face do respeito aos direitos do contratado, prescrito no art. 58, I, da mesma Lei, do princípio da proporcionalidade e da necessidade de esses limites serem obrigatoriamente fixados em lei;

Bem se vê que o Tribunal de Contas da União decidiu estender os limites prescritos nos §§1º e 2º do artigo 65 da Lei nº 8.666/93, pertinentes às alterações quantitativas, para as alterações qualitativas unilaterais. Sustenta o Tribunal de Contas da União que tal medida é devida em razão do respeito ao direito do contratado, do princípio da proporcionalidade e da necessidade de esses limites serem obrigatoriamente fixados em lei.

A Decisão nº 215/99 prossegue, desta feita tratando das alterações qualitativas consensuais. Leia-se:

> [...] nas hipóteses de alterações contratuais consensuais, qualitativas e excepcionalíssimas de contratos de obras e serviços, é facultado à Administração ultrapassar os limites aludidos no item anterior, observados os princípios da finalidade, da razoabilidade e da proporcionalidade, além dos direitos patrimoniais do contratante privado, desde que satisfeitos cumulativamente os seguintes pressupostos:
>
> I - não acarretar para a Administração encargos contratuais superiores aos oriundos de uma eventual rescisão contratual por razões de interesse público, acrescidos aos custos da elaboração de um novo procedimento licitatório;
>
> II - não possibilitar a inexecução contratual, à vista do nível de capacidade técnica e econômico-financeira do contratado;
>
> III - decorrer de fatos supervenientes que impliquem em dificuldades não previstas ou imprevisíveis por ocasião da contratação inicial;
>
> IV - não ocasionar a transfiguração do objeto originalmente contratado em outro de natureza e propósito diversos;
>
> V - ser necessárias à completa execução do objeto original do contrato, à otimização do cronograma de execução e à antecipação dos benefícios sociais e econômicos decorrentes;
>
> VI - demonstrar-se — na motivação do ato que autorizar o aditamento contratual que extrapole os limites legais mencionados na alínea "a", supra — que as conseqüências da outra alternativa (a rescisão contratual, seguida de nova licitação e contratação) importam sacrifício insuportável ao interesse público primário (interesse coletivo) a ser atendido pela obra ou serviço, ou seja gravíssimas a esse interesse; inclusive quanto à sua urgência e emergência;

Como se percebe, o Tribunal de Contas da União admite que as alterações qualitativas consensuais importem alterações superiores aos limites preceituados nos §§1º e 2º do artigo 65 da Lei nº 8.666/93, que, em regra, repita-se, é de 25% (vinte e cinco por cento) do valor inicial atualizado do contrato ou, no caso de registro de preços, do valor consignado na ata de registro de preços. No entanto, o Tribunal de Contas da União assevera que isso somente é admissível se em consonância com os princípios de Direito Administrativo, fazendo referência expressa aos princípios da finalidade, da razoabilidade e da proporcionalidade. Ainda o Tribunal de Contas da União faz questão de assentar que os direitos patrimoniais do contratado sejam respeitados.

Em seguida, o Tribunal de Contas da União enumera seis incisos, com condições a serem atendidas para que a alteração consensual qualitativa ultrapasse os limites dos §§1º e 2º do artigo 65 da Lei nº 8.666/93. Nesse ponto, o Tribunal de Contas da União entrega-se a raciocínio que, ao fim e ao cabo, parte dos princípios de Direito Administrativo, na tentativa de melhor esclarecer o sentido deles e como eles devem ser aplicados à análise da pertinência dos aditivos que se pretendam realizar.

Independentemente da espécie de alteração, mas sobretudo em relação às alterações qualitativas, deve-se preservar a identidade do objeto licitado. Isso significa que a alteração do objeto não pode tocar à funcionalidade básica dele. Noutras palavras, a finalidade pretendida já na licitação ou a demanda a ser atendida por ela devem ser as mesmas, não podem ser o foco de alteração de contrato ou de ata de registro de preços. A alteração adapta dado objeto, não o transforma em coisa diferente.

Em apertada síntese, em razão da proibição expressa no §1º do artigo 12 do Decreto Federal nº 7.892/13, a ata de registro de preços não deve sofrer alterações quantitativas, isto é, aquelas que importam acréscimos ou supressões. Contudo, a ata de registro de preços pode sofrer alterações de outros tipos, desde que não as de natureza quantitativa. Assim sendo, as alterações do tipo qualitativa são permitidas, devendo-se adotar como limites os parâmetros estabelecidos pelo Tribunal de Contas da União na Decisão nº 215/99.

O Decreto Federal nº 7.892/13 não foi feliz ao proibir as alterações quantitativas em ata de registro de preços. Sob a égide do revogado Decreto Federal nº 3.931/01 não havia tal tipo de proibição. A Administração promovia as alterações quantitativas quando necessário, sem notícias de maiores problemas ou de práticas reiteradas contrárias ao interesse público. Portanto, a proibição restringe a gestão das atas de registro de preços, de alguma maneira engessa um pouco mais a Administração Pública, o que não é conveniente.

A crítica à proibição de alterações quantitativas em ata de registro de preços ganha músculo porque não parece fazer muito sentido, especialmente ao tomar em conta que os contratos decorrentes da ata de registro de preços podem sofrer as alterações quantitativas, autorizadas pelo §3º do artigo 12 do Decreto Federal nº 7.892/13. No final das contas, a proibição contida no §1º do artigo 12 do Decreto Federal nº 7.892/13 apenas posterga a alteração quantitativa eventualmente pretendida pela Administração. Em vez de alterar a ata de registro de preços, a Administração terá que firmar o contrato e, então, alterá-lo.

E mais, não faz sentido proibir que as atas de registro de preços sofram alterações quantitativas e permitir os outros tipos de alterações, principalmente as qualitativas. Se houvesse razão para proibir alterações na ata de registro de preços e postergá-las para a fase contratual, que a proibição recaísse sobre todos os tipos de alteração e não apenas sobre os ombros das alterações quantitativas.

3.6 Revisão dos preços registrados em ata

O inciso II do §3º do artigo 15 da Lei nº 8.666/93 prescreve que decreto regulamentar sobre o registro de preços deve observar, obrigatoriamente, *estipulação prévia do sistema de controle e atualização dos preços registrados*. Portanto, a todas as luzes, os preços registrados em ata não devem ser sempre os mesmos; eles podem e devem ser revistos, desde que ocorram fatos geradores de desequilíbrio econômico-financeiro.

E não poderia ser diferente, haja vista que a manutenção do equilíbrio econômico-financeiro é direito de alçada constitucional, previsto no inciso XXI do artigo 37 da Constituição Federal — em conformidade com a passagem que prescreve que devem ser *mantidas as condições efetivas da proposta*. A ata de registro de preços guarda natureza de pré-contrato, ela gera contratos, que são firmados de acordo com os termos e as condições nela preestabelecidas. Portanto, os termos e as condições consignados na ata de registro de preços não podem ser desequilibrados. Dito de outra forma, é forçoso corrigir eventuais desequilíbrios havidos em ata de registro de preços, haja vista que os fornecedores ou prestadores de serviços não podem ser obrigados a firmar contrato com base em termos e condições desequilibrados, não correspondentes à realidade do mercado e à equação econômico-financeira havida na licitação, quando apresentadas as propostas. Dessa sorte, a necessidade de manter a ata de registro de preços atual, equilibrada e em consonância com o mercado deflui da própria Constituição Federal e não apenas das opções delineadas no nível hierarquicamente rasteiro dos decretos. De maneira clara, o que é pressuposto para o enfrentamento deste tópico, os decretos não guardam a prerrogativa de recusar o direito ao equilíbrio econômico-financeiro em ata de registro de preços.

Nesse passo, o inciso II do §3º do artigo 15 da Lei nº 8.666/93 determina que a *atualização dos preços registrados* seja versada em decreto regulamentar. Em âmbito federal, o assunto era tratado, de modo bastante equivocado e infeliz, nos parágrafos do artigo 12 do revogado Decreto Federal nº 3.931/01. Os equívocos e a infelicidade persistem nos artigos 17, 18 e 19 do atual Decreto Federal nº 7.892/13, que praticamente reproduzem as mesmas escolhas equivocadas do antigo Decreto Federal nº 3.931/01.

Com efeito, o artigo 17 do Decreto Federal nº 7.892/13 preceitua que "os preços registrados poderão ser revistos em decorrência de eventual redução dos preços praticados no mercado ou de fato que eleve o custo dos serviços ou bens registrados, cabendo ao órgão gerenciador promover as negociações junto aos fornecedores, observadas as disposições contidas na alínea 'd' do inciso II do *caput* do art. 65 da Lei nº 8.666, de 1993".

Ou seja, o preço pode ser revisto tanto para cima quanto para baixo. Se os preços praticados no mercado forem reduzidos, deve-se reduzir o preço consignado na ata de registro de preços. Se os insumos e custos forem majorados, deve-se majorar o preço registrado. O artigo 17 do Decreto Federal nº 7.892/13 remete o equilíbrio econômico financeiro da ata de registro de preços para a alínea "d" do inciso II do *caput* do artigo 65 da Lei nº 8.666/93, recorrendo, ao menos parcialmente, à mesma solução que é dada para os contratos administrativos. De acordo com o supracitado artigo 17, a Administração deve manter equilibrada a ata de registro de preços do mesmo modo como mantém equilibrado o contrato administrativo. Os pressupostos materiais, formais e processuais são os mesmos. Na verdade, o artigo 17 do Decreto Federal nº 7.892/13 merece elogio, trata do tema de maneira acertada e simples. O problema é que, como será demonstrado adiante, o artigo 19 do mesmo Decreto Federal prescreve solução que lhe é contrária. O desacerto entre os dispositivos obscurece a matéria.

Esclareça-se, para posicionar melhor o leitor, que o artigo 17 do Decreto Federal nº 7.892/13 enfrenta o tema do equilíbrio econômico-financeiro da ata de registro de preços de maneira geral, trata das situações em que o preço de mercado é reduzido e em que é majorado. Em seguida, o artigo 18 versa especificamente sobre a situação em que o preço de mercado é reduzido e, portanto, o preço registrado na ata passa a ser superior ao praticado no mercado. O artigo 19, por sua vez, enfrenta o inverso, a situação em que o preço do mercado é majorado e, logo, o preço registrado na ata passa a ser inferior ao praticado no mercado — o que, diga-se de passagem, é mais usual.

O artigo 18 do Decreto Federal nº 7.892/13 prescreve o seguinte:

> Art. 18. Quando o preço registrado tornar-se superior ao preço praticado no mercado por motivo superveniente, o órgão gerenciador convocará os fornecedores para negociarem a redução dos preços aos valores praticados pelo mercado.

§1º Os fornecedores que não aceitarem reduzir seus preços aos valores praticados pelo mercado serão liberados do compromisso assumido, sem aplicação de penalidade.

§2º A ordem de classificação dos fornecedores que aceitarem reduzir seus preços aos valores de mercado observará a classificação original.

Conforme o artigo 18 do Decreto Federal nº 7.892/13, quando o preço registrado tornar-se superior ao praticado no mercado, a Administração deve convocar os signatários da ata de registro de preços e abrir com eles processo de negociação, tentando convencê-los a reduzir o seu preço, adequá-los aos parâmetros que a Administração reputa vigentes no mercado. O §1º do mesmo artigo 18 prescreve que o signatário do registro de preços, se não concordar em reduzir o preço, deve ser liberado do compromisso assumido. Frisa-se que a Administração deve negociar com todos os signatários da ata de registro de preços — se houver, evidentemente, mais de um signatário da ata de registro de preços. Pode ocorrer que o primeiro colocado na licitação não aceite reduzir o preço e os demais aceitem. Nesse caso, a ata é mantida, respeitando-se, para efeitos de futuras contratações, a ordem de classificação da licitação, consoante enuncia o §2º do artigo 18.

A solução do artigo 18 do Decreto Federal nº 7.892/13 é adequada e corresponde, em linhas gerais, aos procedimentos levados a cabo pela Administração nas situações em que constata redução de preços no mercado em face de contratos administrativos. Ora, a alteração para promover o equilíbrio econômico financeiro é consensual, como prescreve a alínea "d" do inciso II do artigo 65 da Lei nº 8.666/93. Portanto, em linha de síntese, constatado que o preço registrado em ata tornou-se superior ao praticado no mercado, porque os preços do mercado foram reduzidos, a Administração deve procurar os signatários da ata de registro de preços, propondo a eles que os preços sejam adequados aos novos padrões de mercado. Se os signatários concordarem, altera-se a ata de registro de preços. Caso contrário, como a Administração não pode impor a redução dos preços, os signatários que não concordarem em reduzi-los são liberados.

Os maiores problemas em relação à manutenção do equilíbrio econômico financeiro da ata de registro de preços ocorrem diante do artigo 19 do Decreto Federal nº 7.892/13, vazado nos seguintes termos:

> Art. 19. Quando o preço de mercado tornar-se superior aos preços registrados e o fornecedor não puder cumprir o compromisso, o órgão gerenciador poderá:

I - liberar o fornecedor do compromisso assumido, caso a comunicação ocorra antes do pedido de fornecimento, e sem aplicação da penalidade se confirmada a veracidade dos motivos e comprovantes apresentados; e

II - convocar os demais fornecedores para assegurar igual oportunidade de negociação.

Parágrafo único. Não havendo êxito nas negociações, o órgão gerenciador deverá proceder à revogação da ata de registro de preços, adotando as medidas cabíveis para obtenção da contratação mais vantajosa.

O artigo 19 do Decreto Federal nº 7.892/13 trata das situações em que os preços praticados no mercado são majorados e em que, portanto, é necessário majorar o preço registrado na ata. Nesses casos, o signatário da ata de registro de preços deve apresentar requerimento à Administração com o objetivo de liberar-se do compromisso assumido antes do pedido de fornecimento, desde que comprove a majoração de preços e desde que comprove não conseguir mais cumprir a obrigação. Daí, a Administração, se verificada a veracidade, libera o signatário da ata. Em seguida, a Administração deve conceder aos demais fornecedores igual oportunidade de negociação. A ata de registro de preços será mantida caso algum dos signatários concorde em manter o preço inicial. Se mais de um concordar, as contratações devem respeitar a ordem de classificação da licitação. Se ninguém concordar, todos estarão liberados e a ata de registro de preços irremediavelmente será extinta, como antevê o parágrafo único do artigo 19 do Decreto Federal nº 7.892/13.

Esse artigo 19 do Decreto Federal nº 7.892/13 é inconstitucional, ilegal e, sobretudo, completamente equivocado.

De plano, salta aos olhos que ele não atende ao comando estatuído no inciso II do §3º do artigo 15 da Lei nº 8.666/93. Ora, o referido dispositivo legal prescreve que o decreto regulamentar deve dispor de um sistema para a atualização dos preços registrados. O fato é que o artigo 19 do Decreto Federal nº 7.892/13 não mantém o preço registrado atualizado; ele, pura e simplesmente, trata de mecanismo que libera o fornecedor do compromisso, o que é coisa bem diferente. Atualizar o preço significa mantê-lo, significa adaptar o preço a novo parâmetro praticado pelo mercado. Entretanto, conquanto constatado o desequilíbrio, insista-se, o artigo 19 do Decreto Federal nº 7.892/13 apenas libera o signatário da ata de registro de preços. Logo, somente por isto, por apartar-se do inciso II do §3º do artigo 15 da Lei nº 8.666/93, o artigo 19 do Decreto Federal nº 7.892/13 é ilegal.

O disposto no artigo 19 do Decreto Federal nº 7.892/13 não se presta a manter os preços atualizados nem a preservar o equilíbrio econômico-financeiro, as *condições efetivas da proposta*, nos termos do inciso XXI do artigo 37 da Constituição Federal. Ao liberar o fornecedor e impedir que o preço seja revisado, o supracitado artigo 19 recusa o direito ao equilibro econômico-financeiro e, nessa toada, para além de ilegal, é inconstitucional.

Afora ilegal e inconstitucional, o §1º do artigo 19 do Decreto Federal nº 7.892/13 é completamente equivocado. Isso porque, ao liberar os signatários da ata de registro de preços, a Administração já não poderá valer-se dela. À Administração resta, por via de consequência, lançar outro processo de licitação, com todos os custos, formalidades e desgastes que lhe são inerentes, perdendo tudo o que fora realizado anteriormente. É óbvio que seria mais conveniente, mais inteligente e mais simples atender ao inciso II do §3º do artigo 15 da Lei nº 8.666/93, criando um sistema que atualizasse os preços registrados, que os adequasse aos praticados no mercado.

Demais disso, está escrito no *caput* do artigo 19 do Decreto Federal nº 7.892/13 que o signatário da ata de registro de preços somente é liberado do compromisso se ele comprovar que não tem mais condições de cumprir as suas obrigações. Isto é, pela literalidade do dispositivo, ele precisa comprovar que as alterações de preço havidas no mercado inviabilizam a execução por parte dele do objeto; que ele — dá a entender —, se tivesse que cumprir o objeto, teria prejuízo.

Essa ideia é inadmissível e opõe-se ao direito constitucional, ao equilíbrio econômico-financeiro consagrado no inciso XXI do artigo 37 da Constituição Federal. O signatário da ata de registro de preços, por força do aludido dispositivo constitucional, faz jus à manutenção das mesmas condições da proposta, trocando-se em miúdos, à manutenção da relação entre os custos e o valor proposto por ele à época da licitação, à margem de lucro. Isso significa que, se o signatário da ata de registro de preços se propôs a executar dado objeto com margem de lucro de 20% (vinte por cento), ninguém pode compeli-lo, por prestígio constitucional, a executá-lo com margem de lucro de 5% (cinco por cento), ainda que, em tese, isso fosse economicamente viável. Logo, com arrimo no inciso XXI do artigo 37 da Constituição Federal, o signatário da ata de registro de preços, para liberar-se do compromisso, não precisa comprovar que a execução do objeto tornou-se impossível. Basta que ele comprove o desequilíbrio econômico-financeiro. Aliás, que fique claro, nessa medida, o *caput* do artigo 19 é também inconstitucional.

Soma-se a isso que, a teor do inciso I do artigo 19 do Decreto Federal nº 7.892/13, o signatário da ata de registro de preços deve requerer à Administração a liberação do compromisso antes que seja apresentado a ele pedido para a execução do objeto. Isso também se opõe ao direito constitucional, ao equilíbrio econômico-financeiro, estatuído no inciso XXI do artigo 37 da Carta Magna. Ocorre que ninguém pode ser compelido a cumprir obrigações em desacordo com as condições efetivas de sua proposta. Portanto, se há desequilíbrio, o signatário da ata de registro de preços não é obrigado a honrar o preço registrado, ainda que ele não tenha sido diligente e, portanto, não tenha requerido à Administração a respectiva liberação. Mesmo porque em muitos casos a causa do desequilíbrio é concomitante ou muito próxima do pedido da Administração, por efeito do que o signatário da ata de registro de preços talvez não disponha de tempo hábil para solicitar a liberação do compromisso ou alguma outra providência equivalente com antecedência, sem que se possa imputar a ele descaso com a diligência.

Roga-se que os estados, Distrito Federal, municípios e demais entidades com competência para editarem os seus próprios regulamentos sobre registro de preços não reproduzam neles este desastrado e equivocado artigo 19 do Decreto Federal nº 7.892/13.

Aliás, defende-se a tese de que mesmo os órgãos sujeitos ao Decreto Federal nº 7.892/13 apliquem a sistemática legal para a manutenção do equilíbrio econômico-financeiro dos contratos em relação ao registro de preços, procedendo, se for o caso, à majoração dos preços registrados na ata. Tudo porque, como demonstrado, as disposições do artigo 19 do Decreto Federal nº 7.892/13 são inconstitucionais e ilegais e, por via de consequência, inválidas. Além disso, as disposições do malsinado artigo 19 são contrárias as do artigo 17, ambas do Decreto Federal nº 7.892/13.

Em vista disso, em esforço de interpretação sistêmica, levando-se em conta o inciso XXI do artigo 37 da Constituição Federal, o inciso II do §3º do artigo 15 da Lei nº 8.666/93 e a prescrição do artigo 17 do próprio Decreto Federal nº 7.892/13, deve-se construir o sentido da norma de modo que se reconheça a possibilidade de alterar a ata de registro de preços para manter o seu equilíbrio econômico-financeiro com amplitude, reduzindo ou majorando os preços nela registrados, conforme o caso.

Propõe-se, em especial alinho à Constituição Federal, que o prescrito no artigo 19 do Decreto Federal nº 7.892/13 seja interpretado como uma espécie de solução alternativa à revisão para majorar os preços registrados. Explica-se: constatado o desequilíbrio, tendo havido a majoração dos custos, o preço registrado na ata pode ser majorado, a fim de manter o equilíbrio econômico financeiro, tudo com fundamento no inciso XXI do artigo 37 da Constituição Federal, no inciso II do §3º do artigo 15 da Lei nº 8.666/93 e no artigo 17 do próprio Decreto Federal nº 7.892/13. Caso não se acorde sobre o montante a ser majorado, porém constatado o desequilíbrio, daí a Administração está autorizada a liberar o fornecedor. Ocorre que a alteração para promover o equilíbrio econômico-financeiro deve ser consensual, como preceitua a alínea "d" do inciso II do artigo 65 da Lei nº 8.666/93. Portanto, pressupõe que a Administração e os fornecedores acordem sobre quanto o preço registrado na ata deva ser majorado. A liberação do fornecedor seria justificada pela ausência do consenso em relação ao valor a ser majorado, o que é pressuposto para a alteração que se pretenda fazer para tal desiderato, insista-se, como preceitua a alínea "d" do inciso II do artigo 65 da Lei nº 8.666/93.

3.7 Reajuste e repactuação dos preços registrados em ata

O Decreto Federal nº 7.892/13 não prescreve regras em relação ao reajustamento e à repactuação dos preços consignados em ata — portanto, é omisso.

Esclareça-se que o ordenamento jurídico nacional dispõe de três instrumentos para que se mantenha o equilíbrio econômico-financeiro dos contratos administrativos, que possuem pressupostos e procedimentos distintos. Trata-se das figuras da revisão, do reajuste e da repactuação. Entende-se que a repactuação é uma espécie de reajuste, conforme preceitua o artigo 37 da Instrução Normativa nº 02/08 da Secretaria de Logística e Tecnologia da Informação do Ministério do Planejamento, Orçamento e Gestão.

A revisão pressupõe a ocorrência de algo extraordinário, imprevisível ou previsível, porém com consequências incalculáveis, na forma da alínea "d" do inciso II do artigo 65 da Lei nº 8.666/93. Sem embargo, o equilíbrio econômico-financeiro dos contratos administrativos e das atas de registro de preços também pode ser afetado por eventos normais e comuns, relacionados à própria dinâmica da economia, ao processo inflacionário. Para fazer frente a tais eventos e seus reflexos, mantendo-se o equilíbrio econômico-financeiro dos contratos administrativos e das atas de registros de preços sob esse aspecto, é que têm lugar o reajuste e a repactuação.

Nessas hipóteses, a regra geral é a do reajuste, disciplinado pelo inciso XI do artigo 40 da Lei nº 8.666/93 e pela Lei nº 10.192/01.

A repactuação encontra aplicação nos casos específicos de contratos de prestação de serviços contínuos, com dedicação exclusiva de mão de obra, de acordo com o regramento do Decreto Federal nº 2.271/97 e da Instrução Normativa nº 02/08 da Secretaria de Logística e Tecnologia da Informação do Ministério do Planejamento, Orçamento e Gestão. Não é o caso de estender-se sobre as minúcias de cada um destes institutos. Remete-se o leitor para o nosso *Licitação pública e contrato administrativo*, também publicado pela Editora Fórum, em que o tema é esgrimado com mais profundidade.

O §1º do artigo 3º da Lei nº 10.192/01 permite o reajuste apenas após doze meses da data limite para a apresentação da proposta em licitação ou do orçamento a que a proposta se referir. O artigo 37 da Instrução Normativa nº 02/08 prescreve norma com teor praticamente idêntico, sendo que o artigo 38 da mesma Instrução Normativa prescreve que o prazo deve ser contado da data do acordo, convenção ou dissídio de trabalho em relação à variação de custos decorrentes de mão de obra.

Desconfia-se que o reajuste e a repactuação não tenham sido tratados no Decreto Federal nº 7.892/13 em razão equivocada dos prazos que lhes condicionam e da pretensa coincidência deles com o prazo máximo da ata de registro de preços. Ora, como o prazo máximo da ata de registro de preços é de um ano, na linha do que preceitua o inciso III do §3º do artigo 15 da Lei nº 8.666/93, é provável que um dos mentores ou o mentor do Decreto Federal nº 7.892/13 tenha suposto equivocadamente que o reajuste e a repactuação não poderiam ser aplicados em ata de registro de preços. O suposto e equivocado raciocínio provavelmente foi que, como a ata de registro de preços não ultrapassa um ano, não se perfaria o prazo em que seria devida a concessão do reajuste ou da repactuação, que também é de um ano.

Esse suposto raciocínio é ostensivamente equivocado. Em relação ao reajuste é equivocado porque o prazo de um ano é contado da data da apresentação da proposta na licitação e não da assinatura da ata de registro de preços. Ou seja, a título ilustrativo, a proposta pode ter sido apresentada em janeiro e a ata de registro de preços somente assinada em julho. Não é raro que licitações, sobremodo quando ocorre alguma disputa judicial, arrastem-se por meses. Na hipótese, assinada a ata de registro de preços, em seis meses perfaz-se o prazo de doze meses a contar da data da proposta em que é devido o reajuste.

O suposto equívoco é até mais flagrante no que toca à repactuação. Como dito, em relação aos custos pertinentes à mão de obra, o prazo de um ano para a repactuação é contado do acordo, convenção ou dissídio, portanto tem como referência a data base da categoria envolvida. A título ilustrativo, pode ser que a ata de registro de preços seja assinada em março e em abril seja a data base da categoria, efetivando-se acordo, convenção ou dissídio. Já em abril, com apenas um mês de vigência da ata de registro de preços, será devida a repactuação.

Sob essa perspectiva, os editais de licitação e as atas de registro de preços devem prever o reajuste ou a repactuação, conforme o caso. O fato de o Decreto Federal nº 7.892/13 ser omisso em relação às figuras do reajuste e da repactuação não significa que a Administração Pública possa recusá-las, mesmo porque elas representam instrumentos destinados a manter o equilíbrio econômico-financeiro, a *manutenção das condições efetivas da proposta*, de acordo com a dicção do inciso XXI do artigo 37 da Constituição Federal. Por corolário, o reajuste e a repactuação aplicam-se sobre a ata de registro de preços por força da Constituição Federal, o que torna irrelevante a equivocada omissão do Decreto Federal nº 7.892/13.

Trata-se de direito dos signatários da ata de registro de preços, que não pode ser sonegado ou recusado pela Administração, sob pena de negar ou recusar o direito ao equilíbrio econômico-financeiro. O contrário seria absurdo. Imagine-se, por ilustração, se recusada a aplicação da repactuação em ata de registro de preços. O advento de acordo, convenção ou dissídio majoram os custos do contratado, muitas vezes tornam o valor consignado na ata de registro de preços inexequível. Se não houvesse a repactuação desses valores, o signatário da ata, convocado pela Administração, teria que contratar com o preço original consignado na ata, inferior ao seu próprio custo, mesmo diante de evidente desequilíbrio. Ele seria forçado a prestar os serviços em prejuízo, atirando-se ao limbo o direito de estatura constitucional ao equilíbrio econômico-financeiro.

A propósito, sugere-se que os regulamentos sobre registro de preços de outros entes federativos adotem, para promover a atualização dos preços registrados, o mesmo sistema da Lei nº 8.666/93 para a manutenção do equilíbrio econômico-financeiro dos contratos, prevendo as figuras do reajuste, da revisão e da repactuação, tal qual todos estão acostumados a fazer.

Em apertada síntese, o reajuste como instrumento para manter o equilíbrio econômico-financeiro em face de variação de preço normal e previsível, que decorre do processo inflacionário, adotando-se índice específico ou setorial, é devido depois de completados doze meses da data da proposta. A revisão como instrumento para manter o equilíbrio econômico-financeiro em face de variação de preço imprevisível ou previsível, porém com consequências incalculáveis, que cause impacto no equilíbrio econômico-financeiro, concedida a qualquer tempo. E a repactuação, na forma do Decreto Federal nº 2.271/97 e da Instrução Normativa nº 02/08 da Secretaria de Logística e Tecnologia da Informação do Ministério do Planejamento, Orçamento e Gestão, para os registros de preços que envolvam terceirização de serviços, com dedicação exclusiva de mão de obra, por meio da variação efetiva do custo de produção, na data do acordo, convenção ou dissídio coletivo.

3.8 Cancelamento dos preços registrados

O cancelamento dos preços registrados é análogo, em linhas gerais, à rescisão do contrato administrativo. O cancelamento deve ser promovido pela Administração, garantido o contraditório e a ampla defesa, na forma do preceituado no inciso LV do artigo 5º da Constituição Federal e no próprio parágrafo único do artigo 20 do Decreto Federal nº 7.892/13.

O preço registrado deve ser cancelado, em conformidade com o artigo 20 do Decreto Federal nº 7.892/13/01, se o signatário descumprir as condições da ata de registro de preços (inciso I); se ele não retirar a respectiva nota de empenho ou instrumento equivalente, no prazo estabelecido pela Administração, sem justificativa aceitável (inciso II); se ele não aceitar reduzir o seu preço registrado, na hipótese de este se tornar superior àqueles praticados no mercado (inciso III).

O artigo 21 do Decreto Federal nº 7.892/13 também admite o cancelamento por fato superveniente, decorrente de caso fortuito ou força maior, que prejudique o cumprimento da ata, comprovados e justificados por razão de interesse público ou a pedido do fornecedor.

Portanto, o próprio signatário da ata pode provocar e pedir o cancelamento. Por exemplo, empresa assina ata de registro de preços comprometendo-se a fornecer dado equipamento que, depois de dois ou três meses, é retirado do mercado, não é mais fabricado. Trata-se de caso fortuito ou força maior que autoriza, a pedido do signatário da ata de registro de preços, o cancelamento dela. Sublinha-se que, mesmo neste caso, é a Administração quem deve promover o cancelamento da ata.

Ainda que o supracitado artigo 21 não o diga expressamente, se o cancelamento for motivado por qualquer razão que não o pedido do próprio fornecedor, é imperativo que haja processo administrativo e que sejam respeitados o contraditório e a ampla defesa, por obediência ao inciso LV do artigo 5º da Constituição Federal.

CAPÍTULO 4

ADESÃO À ATA DE REGISTRO DE PREÇOS

JOEL DE MENEZES NIEBUHR

4.1 Adesão à ata de registro de preços

Adesão à ata de registro de preços, apelidada de *carona*, é o procedimento por meio do qual um órgão ou entidade que não tenha participado da licitação que deu origem à ata de registro de preços adere a ela e vale-se dela como se sua fosse.

A adesão à ata de registro de preços era disciplinada pelo artigo 8º do Decreto Federal nº 3.931/01, cuja dicção era a seguinte:

> Art. 8º A Ata de Registro de Preços, durante sua vigência, poderá ser utilizada por qualquer órgão ou entidade da Administração que não tenha participado do certame licitatório, mediante prévia consulta ao órgão gerenciador, desde que devidamente comprovada a vantagem.
>
> §1º Os órgãos e entidades que não participaram do registro de preços, quando desejarem fazer uso da Ata de Registro de Preços, deverão manifestar seu interesse junto ao órgão gerenciador da Ata, para que este indique os possíveis fornecedores e respectivos preços a serem praticados, obedecida a ordem de classificação.
>
> §2º Caberá ao fornecedor beneficiário da Ata de Registro de Preços, observadas as condições nela estabelecidas, optar pela aceitação ou não do fornecimento, independentemente dos quantitativos registrados em Ata, desde que este fornecimento não prejudique as obrigações anteriormente assumidas.

§3º As aquisições ou contratações adicionais a que se refere este artigo não poderão exceder, por órgão ou entidade, a cem por cento dos quantitativos registrados na Ata de Registro de Preços.

Note-se que, de acordo com a sistemática do antigo Decreto Federal nº 3.931/01, o aderente poderia contratar até 100% (cem por cento) do quantitativo consignado na ata de registro de preços. Ademais, não havia limites para as adesões, poderiam haver dez, vinte, trinta, quantas fossem. Isso significa que uma dada ata de registro de preços potencialmente gerava um número ilimitado de contratações. Esta possibilidade aberta pelo Decreto Federal nº 3.931/01 ensejou toda sorte de abusos.

Em termos práticos: a entidade "A" promove licitação para registro de preços com o propósito de adquirir quinhentos computadores. A empresa vencedora assina a ata de registro de preços, portanto, compromete-se a fornecer à entidade "A" os quinhentos computadores, nos termos do que fora licitado. O *carona* consiste na possibilidade de uma outra entidade, entidade "B", que não teve qualquer relação com o processo de licitação realizado, aderir à ata de registro de preços da entidade "A" e adquirir com base nela também quinhentos computadores. Assim sendo, o fornecedor venderá quinhentos computadores para a entidade "A", que promoveu a licitação, e outros quinhentos computadores para a entidade "B", que não teve qualquer relação com a licitação outrora realizada. Na sistemática do Decreto Federal nº 3.931/01, afora a entidade B, qualquer outro órgão ou entidade poderia aderir à ata de registro de preços da entidade "A", sem limites. E, insista-se, cada aderente poderia contratar para si o quantitativo total previsto na ata de registro de preços da entidade "A". Nada impedia que o fornecedor, que participou da licitação para vender quinhentos computadores, acabasse fornecendo, por exemplo, cinquenta mil computadores, para noventa e nove órgãos ou entidades diferentes da entidade "A", que promoveu a licitação. E, diga-se de passagem, o exemplo não é muito distante da realidade.

A compreensão sobre a adesão à ata de registro de preços passou por transformação até alcançar o modelo hoje vigente. Nesse sentido, é significativo o Acórdão nº 1.487/2007 do Tribunal de Contas da União, que será objeto de comentários mais detidos adiante. O que importa, a essa altura, é que nesse Acórdão o Tribunal de Contas da União reconheceu que a adesão à ata de registro de preços ofende princípios de Direito Administrativo, sobremodo diante da possibilidade então prevista no Decreto Federal nº 3.931/01 de que houvesse adesões e, portanto, contratações ilimitadas. Ao final, o Tribunal de Contas da União determinou ao Executivo Federal que revisse as normas do Decreto Federal nº 3.931/01, especialmente para estabelecer limites à adesão à ata de registro de preços.

O Executivo Federal deu de ombros. Não reviu as normas do Decreto Federal nº 3.931/01 e não estabeleceu qualquer limite. O Tribunal de Contas da União recrusteceu por meio do Acórdão nº 1.233/2012, cujo teor impõe limites à figura da adesão à ata de registro de preços, também conhecida como *carona*. A partir desta nova decisão, o entendimento é que todos os contratos decorrentes da ata de registro de preços não podem ultrapassar a quantidade que foi licitada e consignada nela, independente do número de aderentes. Ou seja, a orientação do Acórdão nº 1.233/12 é que o detentor da ata e todos os eventuais aderentes não podem contratar em conjunto quantidade superior a que foi licitada e inicialmente registrada.

O Executivo Federal solicitou ao Tribunal de Contas da União, em sede de pedido de reexame, que as determinações do Acórdão nº 1.233/12 não fossem aplicadas de imediato, sob pena de causar transtornos à Administração Pública. Dessa sorte, o Tribunal de Contas da União, no Acórdão nº 2.692/2012, permitiu que os novos limites para a adesão à ata de registro de preços somente valesse a partir de 1º de janeiro de 2013.

Com a sobrevida dada pelo Tribunal de Contas da União, o Executivo Federal gestou e publicou o Decreto Federal nº 7.892, de 23 de janeiro de 2013, cujo ponto nuclear reside justamente na adesão à ata de registro de preços, dedicando-lhe o capítulo IX, cujo título é "Da utilização da ata de registro de preços por órgão ou entidades não participantes". Mais uma vez, parece que o Executivo Federal não prestou a devida deferência ao Tribunal de Contas da União, tanto que, no §4º do artigo 22 do novo Decreto, permitiu que o quantitativo decorrente de adesões não ultrapasse cinco vezes o registrado na ata originária. Ou seja, no Acórdão nº 1.233/12, o Tribunal de Contas da União quis limitar as adesões à quantidade registrada inicialmente. O Decreto Federal nº 7.892/13 multiplicou por cinco. Noticia-se que, pelo menos até o fechamento desta edição, o Tribunal de Contas da União não se manifestou sobre o novo limite.

O Decreto Federal nº 7.892/13 veicula algumas outras prescrições sobre a adesão à ata de registro de preços, estas com caráter mais periférico serão comentadas oportunamente. Em apertada síntese, com o perfil definido pelo Decreto Federal nº 7.892/13, a adesão à ata de registro de preços consiste na possibilidade de órgãos ou entidades valerem-se da ata de registro de preços de outro órgão ou entidade, permitindo-lhes contratar, cada um, o total do quantitativo definido inicialmente na ata, limitado, para o conjunto de adesões, ao seu quíntuplo.

Na regência do Decreto Federal nº 3.931/01, a adesão à ata de registro de preços foi disseminada na Administração, especialmente em âmbito federal. Cumpre reconhecer que para os agentes administrativos, a adesão à ata de registro de preços é algo extremamente cômodo, porquanto os desobriga de promover licitação. Em vez de lançar processo licitatório — com todos os desgastes e riscos que lhe são inerentes —, basta achar alguma ata de registro de preços pertinente ao objeto que se pretenda contratar, e, se as condições da referida ata forem convenientes, contratar diretamente, sem maiores burocracias e formalidades.

Daí a ampla, efusiva e até mesmo passional acolhida da adesão à ata de registro de preços pela Administração Pública.

É comum, diga-se a título de curiosidade, que, em Congressos e Seminários sobre o assunto, os palestrantes que enfrentam o tema sejam aplaudidos ou vaiados, conforme as posições que defendem. Na verdade, os favoráveis à adesão à ata de registro de preços costumam ser mais aplaudidos e menos vaiados. Os contrários, a depender do entusiasmo do público, mais vaiados e menos aplaudidos. O subscritor deste capítulo é *habitué* do corner dos mais vaiados do que aplaudidos.

O subscritor deste capítulo é contrário à figura da ata de registro de preços e tem exposto os seus argumentos já não é de hoje. Em janeiro de 2006, publicou artigo intitulado "Carona em ata de registro de preços: atentado veemente aos princípios de direito administrativo", no *Informativo de Licitações e Contratos – ILC* da *Revista Zênite*, embora já tecesse críticas desde o nascedouro da malfadada carona. Propunha-se a demonstrar que a adesão à ata de registro de preços opunha-se a uma plêiade de princípios de Direito Administrativo, por isso inconstitucional e ilegal. Na mais tênue hipótese, desferia agravos aos princípios da legalidade, isonomia, vinculação ao edital, moralidade administrativa, impessoalidade e economicidade. O novo perfil dado à adesão à ata de registro de preços, primeiro pelo Acórdão nº 1.233/12 do Tribunal de Contas da União e agora pelo Decreto Federal nº 7.892/13, tende a limitar os abusos, porém, diga-se já e de maneira categórica, não é suficiente para harmonizá-la aos princípios de Direito Administrativo. A adesão à ata de registro de preços permanece flagrantemente ilegal e inconstitucional, ainda que com limites e novos adornos. Malgrado, perdeu-se a oportunidade de extirpá-la da ordem jurídica nacional.

A propósito, o Decreto nº 58.494/12 do Estado de São Paulo merece aplausos porque revogou os artigos 15-A e 15-B do Decreto nº 47.945/03, que emprestavam fundamento à adesão à ata de registro de preços naquele Estado. Ou seja, para a Administração Pública do Estado de São Paulo, a adesão à ata de registro de preços está proibida. Ainda há esperança.

4.2 Ofensa aos princípios de Direito Administrativo

Nada obstante a comodidade da adesão à ata de registro de preços, especialmente em aderir à ata de registro de preços dos outros, salta aos olhos que o instrumento em si avilta de modo desinibido e flagrante uma plêiade de princípios de Direito Administrativo, por efeito do que é antijurídico, de modo claro, inconstitucional e ilegal.

4.2.1 Agravo ao princípio da legalidade

Um dos princípios fundamentais do Direito Administrativo é o da legalidade, reconhecido no *caput* do artigo 37 da Constituição Federal, de acordo com o qual os agentes administrativos somente podem fazer aquilo que lhes seja permitido em lei, somente podem atuar na medida de suas competências, tal qual definidas em lei em sentido formal, isto é, ato proveniente do Poder Legislativo. Se a lei é omissa, se ela não proíbe nem permite, os agentes administrativos não podem fazer.

Percebe-se que para a Administração Pública o princípio da legalidade reveste-se de tonalidade especial, haja vista que, de acordo com as afamadas lições de Caio Tácito, *ao contrário da pessoa de direito privado, que, como regra, tem a liberdade de fazer aquilo que a lei não proíbe, o administrador público somente pode fazer aquilo que a lei autoriza expressa ou implicitamente*.[52]

Os agentes administrativos não atuam com liberdade para atingir fins que reputem convenientes. Ao contrário, eles estão vinculados ao cumprimento do interesse público, uma vez que atuam nos estritos termos da competência que lhes foi atribuída por lei. Em breves palavras, a Administração Pública cumpre a lei; os agentes administrativos exercem competência atribuída por lei, nos termos dela. Portanto, os

---

[52] TÁCITO. O princípio da legalidade: ponto e contraponto. *Revista de Direito Administrativo*, p. 2.

agentes administrativos não podem fazer exigências que não encontrem guarida na lei, que não sejam permitidas por ela.

Sem embargo, no exercício da função administrativa, os agentes administrativos expedem atos de caráter normativo genericamente denominados de regulamentos administrativos. A competência para expedir tais regulamentos encontra amparo e é disciplinada pelo inciso IV do artigo 84 da Constituição Federal, cuja dicção é a seguinte:

> Compete privativamente ao Presidente da República: sancionar, promulgar e fazer publicar as leis, *bem como expedir decretos e regulamentos para sua fiel execução*. (grifos nossos)

Bem se vê que regulamento administrativo presta-se apenas a dizer como a lei deve ser cumprida, como ela deve ser posta em prática, operacionalizada pela Administração Pública. Regulamento administrativo não é meio para criar direitos e obrigações, criar novos instrumentos jurídicos, outorgar competências a agentes administrativos não pressupostas em lei. Regulamento administrativo apenas detalha e explicita competência já criada através de lei.

Em comentários ao inciso IV do artigo 84 da Constituição Federal, o autor deste capítulo já teceu as seguintes considerações:

> Neste contexto, o inciso IV do artigo 84 da Constituição Federal estabelece que compete privativamente ao presidente da República "sancionar, promulgar e fazer publicar as leis, bem como expedir decretos e regulamentos para sua fiel execução". *Constata-se que a competência regulamentar é sempre sublegal, pendente de lei. Através de comandos abstratos e genéricos, a Administração regulamenta apenas leis, jamais dispositivos constitucionais. A lei é que cria primariamente Direito, sujeitando os indivíduos ao cumprimento de obrigações. O regulamento administrativo serve somente para assegurar a fiel execução das leis, dispondo do modo pelo qual elas devem ser operacionalizadas.*[53] (grifos acrescentados)

Ocorre que a figura da adesão à ata de registro de preços não encontra qualquer resquício de amparo legal.[54] Ela foi criada de forma

---

[53] NIEBUHR. *O novo regime constitucional da medida provisória*, p. 57.
[54] Excetua-se o previsto na Lei nº 10.191/01, que trata de registro de preços na área da saúde. A referida Lei prescreve regras a respeito da utilização por uma entidade de registro de preços realizado por outra, desde que previsto no edital de licitação. Nela não há autorização para acréscimo de cem por cento do quantitativo registrado por órgão ou entidade aderente. Em síntese, a Lei nº 10.191/01 trata de situação específica, que não corresponde exatamente à figura da adesão à ata de registro de preços entabulada no artigo 8º do Decreto Federal nº 3.931/01, muito embora guarde traços de semelhança.

independente e autônoma, por meio de regulamento administrativo, do Decreto Federal nº 3.931/01. Hoje é mantida e suportada pelo Decreto Federal nº 7.892/13, também sem previsão legal. Nesse sentido, é forçoso afirmar que o Presidente da República, ao criar e manter a figura da adesão à ata de registro de preços sem qualquer amparo legal, excedeu as suas competências constitucionais (inciso IV do artigo 84 da Constituição Federal), violando abertamente o princípio da legalidade.

O agravo que a adesão à ata de registro de preços impinge à legalidade não é de ordem substancial, mas formal. O *carona* não vulnera a legalidade em razão do que ele implica ou dispõe, mas porque foi criado de modo inválido, incompatível com o inciso IV do artigo 84 da Constituição Federal. Melhor explicando: a forma como a adesão ao registro de preços foi criada, valendo-se de mero regulamento administrativo, sem previsão legal, é que fere o princípio da legalidade, não o seu conteúdo ou aquilo que por si implica e dispõe. O que a adesão à ata de registro de preços em si implica e dispõe viola outros princípios, não o da legalidade. Para que a adesão à ata de registro de preços não mais ferisse a legalidade, bastaria que ele encontrasse guarida em lei; que a lei tratasse dela, ainda que de modo geral, remetendo detalhes ao regulamento administrativo. Agora, não é constitucionalmente admissível que regulamento administrativo, um Decreto da lavra do Presidente da República, prescreva o instituto da adesão à ata de registro de preços sem qualquer lastro legal, inovando a ordem jurídica por meio da outorga autônoma de competência aos agentes administrativos, com repercussões de monta na esfera jurídica de terceiros.

Quem poderia, em tese, criar a adesão à ata de registro de preços é o Poder Legislativo, através de lei, em obediência ao princípio da legalidade. O *carona* jamais poderia ter sido criado, como malgrado foi, pelo Presidente da República, através de mero regulamento administrativo.

4.2.2 Agravo ao princípio da isonomia

O *caput* do artigo 5º da Constituição Federal reconhece a todos os brasileiros e aos estrangeiros residentes no país o direito de serem tratados com igualdade, sobremodo pelo Estado. Sob esse contexto, sempre que o Poder Público pretender praticar ato que gere benefícios a alguém, todos os interessados em colher tais benefícios gozam do direito de serem tratados com igualdade.

Nesse sentido, nas situações em que o Estado, através da Administração Pública, firma um contrato, alguém, o contratado, vai colher um benefício econômico, vai haurir lucro em razão do contrato. Logo, todos os interessados em colher os benefícios econômicos decorrentes dos contratos administrativos devem ser tratados com igualdade. Por isso, em corolário direito do princípio da isonomia, a Administração Pública está obrigada a assegurar a todos os interessados em contratos administrativos o mesmo tratamento, por efeito do que se impõe a ela realizar procedimento equânime para a escolha do contratado, procedimento este denominado de licitação pública.

De acordo com essa perspectiva, a licitação pública é consequência do princípio da isonomia. Noutras palavras, como todos os interessados têm o direito de serem tratados com igualdade, todos têm o direito à licitação pública. No final das contas, a licitação pública é o meio eleito constitucionalmente para assegurar e concretizar o direito dos interessados em contratar com a Administração Pública à igualdade.

Adilson Abreu Dallari explicita a relação entre o princípio da isonomia e a licitação pública, erigindo esta última também como princípio. Leia-se:

> O fato é que o princípio da isonomia por ser elementar ao direito administrativo e estar erigido à categoria de princípio constitucional, acabou transformando o próprio instituto da licitação pública num princípio para a Administração Pública.
>
> O princípio da isonomia, por si só e independentemente de qualquer norma, obriga a Administração a valer-se do procedimento da licitação e ao estabelecer esta obrigatoriedade erige a própria licitação em princípio, pois mesmo na ausência de normas específicas está a Administração obrigada a utilizar-se de procedimentos licitatórios.[55]

Por tudo e em tudo, a Administração Pública, ao pretender firmar um contrato, deve previamente proceder à licitação pública, que é o meio para assegurar que todos os interessados sejam tratados com igualdade. Se a Administração Pública contrata sem licitação, ela vulnera o princípio da isonomia, pois não franqueou a todos os interessados a oportunidade de disputarem o contrato.

A adesão à ata de registro de preços viola o princípio da isonomia porque ela pressupõe contrato sem licitação. Explicando melhor: a entidade "A" faz licitação para registro de preços de quinhentos computadores. Com base nessa licitação, o vencedor dela assina a ata de registro de preços, da qual decorre ou decorrem contratos

---

[55] DALLARI. *Aspectos jurídicos da licitação*, p. 32.

para a aquisição dos quinhentos computadores que foram licitados pela entidade "A". Ocorre que, com o *carona*, a entidade "B", que não promoveu licitação alguma, vale-se da ata de registro de preços da entidade "A" e, por via de consequência, da licitação promovida pela entidade "A", para também comprar quinhentos computadores. Ora, o contrato pertinente à aquisição de quinhentos computadores firmado pela entidade "B" não foi precedido de licitação pública e, em decorrência disso, os interessados em vender os quinhentos computadores à entidade "B" não tiveram oportunidade de disputa, não foram tratados com igualdade.

Imagine-se, continuando com o exemplo, que a entidade "A" seja do Sul do país e mal pagadora. Por isso, fornecedor do Norte do país não se interessou em participar da licitação para registro de preços promovido pela entidade "A". No entanto, a entidade "B" é do Norte do país, do Estado do fornecedor que não se interessou em participar da licitação promovida pela entidade "A", e boa pagadora, costuma honrar religiosamente em dia os seus compromissos. Sob esse quadro, o fornecedor, que legitimamente não quis participar da licitação promovida pela entidade "A", quer e tem o direito de participar de licitação para disputar o contrato da entidade "B". Com efeito, o contrato a ser firmado pela entidade "B" não tem nada a ver com o contrato a ser firmado pela entidade "A". Sem embargo, valendo-se do *carona*, a entidade "B" não abre licitação, adere à ata de registro de preços da entidade "A" e firma contrato em razão dela. Dessa maneira, o fornecedor do Norte do país, que não quis participar da licitação promovida pela entidade "A", vê frustrado o seu direito de participar de licitação para vender para a entidade "B", o que implica, por via de consequência, em violação ao princípio da isonomia, ao direito do referido fornecedor de disputar em condições de igualdade a contratação com a entidade "B".

É sabido que a licitação não é obrigatória em todos os casos. A própria parte inicial do inciso XXI do artigo 37 da Constituição Federal prescreve que a lei deve prever ressalvas à obrigatoriedade de licitação pública. Na sistemática da Lei nº 8.666/93, tais ressalvas consubstanciam-se nos casos de inexigibilidade, que pressupõe inviabilidade de competição, e dispensa, que pressupõe prejuízo ao interesse público caso a licitação pública fosse levada a cabo. Percebe-se, a todas as luzes, que a figura da adesão à ata de registro de preços ou *carona*, que prescinde de licitação pública, não é caso de inexigibilidade nem de dispensa. O *carona* não se enquadra nas hipóteses de inexigibilidade, porque não pressupõe inviabilidade de competição. Da mesma forma, não se enquadra nas hipóteses de dispensa, porque a licitação, se fosse realizada, não importaria por si em prejuízos ao interesse público. Então, o *carona* não é inexigibilidade nem dispensa, é uma outra coisa, uma outra forma para a contratação direta.

O problema é que a parte inicial do inciso XXI do artigo 37 da Constituição Federal determina que as ressalvas à obrigatoriedade de licitação pública devam estar previstas em lei e, como já assinalado, a figura do *carona* não encontra amparo legal, dado que criada por mero regulamento administrativo, pelo Decreto Federal nº 3.931/01, e hoje recebida pelo Decreto Federal nº 7.892/13. Além disso, o *carona* não encontra justificativa para afastar a obrigatoriedade de licitação pública e, com isso, atenuar o princípio da isonomia. Repita-se que o *carona* ocorre em casos de viabilidade de competição e em casos em que a realização da licitação pública não importa por si prejuízo algum ao interesse público.

A figura do *carona* é ilegítima, porquanto através dela procede-se à contratação direta, sem licitação, fora das hipóteses legais e sem qualquer justificativa, vulnerando o princípio da isonomia, que é o fundamento da exigência constitucional que faz obrigatória a licitação pública.

4.2.3 Agravo ao princípio da vinculação ao edital

O princípio nuclear da licitação pública é o da vinculação ao instrumento convocatório ou ao edital, enunciado, com vigor, no *caput* do artigo 3º da Lei nº 8.666/93. O citado princípio ecoa por toda a Lei nº 8.666/93, tal qual no *caput* do seu artigo 41, cujo texto dispõe que "a Administração não pode descumprir as normas e condições do edital, ao qual se acha estreitamente vinculada".

Sobre o assunto, Adilson Abreu Dallari leciona o seguinte:

> O edital há de ser completo, de molde a fornecer uma antivisão de tudo que possa vir a ocorrer no decurso das fases subseqüentes da licitação. Nenhum dos licitantes pode vir a ser surpreendido com coisas, exigências, transigências, critérios ou atitudes da Administração que, caso conhecidas anteriormente, poderiam afetar a formulação de suas propostas.[56]

---

[56] DALLARI. *Aspectos jurídicos da licitação*, p. 92.

A rigor, o edital vincula a licitação pública e tudo o que decorre dela, especialmente o contrato administrativo. Ora, não se pode licitar uma coisa e contratar outra. Por força disso, o §1º do artigo 54 da Lei nº 8.666/93 prescreve o seguinte:

> Os contratos devem estabelecer com clareza e precisão as condições para a sua execução, expressas em cláusulas que definam os direitos, obrigações e responsabilidades das partes, *em conformidade com os termos da licitação e da proposta a que se vinculam*. (grifos nossos)

Em complemento, o inciso XI do artigo 55 também da Lei nº 8.666/93 enuncia:

> São cláusulas necessárias em todo contrato as que estabeleçam: a vinculação ao edital de licitação ou ao termo que a dispensou ou a inexigiu, ao convite e à proposta do licitante vencedor.

O autor deste capítulo já tratou da relação entre o princípio da vinculação ao edital e o contrato administrativo. Confira-se:

> De mais a mais, o instrumento convocatório não vincula tão-somente o procedimento licitatório, mas tudo o que dele advier. Não é plausível que, conquanto o certame por ele seja pautado, regendo-se ao passo da isonomia, o contrato, que lhe é decorrente, aponte objeto ou conteúdo diverso.
>
> O contrato administrativo a ser celebrado é vinculado à licitação pública, sendo defeso à Administração, também sob pena de se ferir a isonomia, dele se divorciar. O raciocínio é o mesmo que impõe todas as exigências à licitação, dado que, se os termos do contrato forem discrepantes do edital, outros poderiam se interessar pelo certame, ou até mesmo os licitantes que perderem a disputa poderiam oferecer proposta mais vantajosa.[57]

A adesão à ata de registro de preços viola abertamente o princípio da vinculação ao edital porquanto ele dá azo à contratação não prevista no edital. Ora, licita-se dado objeto, com quantidade definida e para uma entidade determinada, tudo em conformidade com o edital. Quem ganha a licitação firma com a entidade que promoveu a licitação ata de registro de preços, pelo que se compromete a entregar ou prestar a ela o que fora o objeto da licitação, conforme o edital, inclusive no

---

[57] NIEBUHR. *Princípio da isonomia na licitação pública*, p. 110.

que tange aos quantitativos. Durante a vigência da ata de registro de preços, outra entidade que não a promotora da licitação, que não foi referida sequer obliquamente no edital, adere à ata de registro de preços, através do *carona*, com o propósito de receber os préstimos do vencedor da licitação. Com efeito, o contrato que decorre do *carona* não foi previsto no edital. Quem participou da licitação não sabia que seria contratado também por esta outra entidade, que não a promotora da licitação. Ademais, com o *carona*, quem adere à ata de registro de preços pode requerer para si a mesma quantidade do que fora licitado. Então, se a licitação envolvia cem unidades, com a adesão à ata de registro de preços de apenas uma outra entidade, o vencedor da licitação pode ser contratado para duzentas unidades.

Isso afronta com veemência o princípio da vinculação ao edital, na medida em que quem participou de licitação para fornecer cem unidades de dado objeto não pode acabar sendo contratado para fornecer duzentas.

Como exposto, na sistemática do antigo Decreto Federal nº 3.931/01 era permitido número ilimitado de adesões e, por conseguinte, de contratações. Continuando com o exemplo, se nove órgãos ou entidades aderissem à ata, em vez de cem unidades, o subscritor da ata de registro de preços forneceria mil unidades. Se noventa e nove, forneceria dez mil unidades. Sem limites.

O §4º do artigo 22 do Decreto Federal nº 7.892/13 limitou as adesões a cinco vezes o registrado na ata e prescreveu que o edital de licitação que deu origem à ata previsse o limite. A violação ao princípio da vinculação ao instrumento convocatório permanece irretocada.

O ponto central é que a afronta ao princípio da vinculação ao edital não se restringe à questão dos quantitativos estabelecidos no edital. Também há afronta ao princípio porque a licitação é feita para uma entidade específica, referida expressamente no edital, e o vencedor da licitação pode acabar sendo contratado por outra entidade, não indicada no edital. Ou seja, licitante participa de certame para ser contratado por "A" e, em razão dele, acaba sendo contratado também por "B", "C" e tantos quantos aderirem à ata de registro de preços de "A".

Em síntese, o *carona* importa contratação apartada das condições do edital, sobretudo no tocante à entidade contratante, ainda que na nova textura do Decreto Federal nº 7.892/13. Nesses termos, o *carona* fere o princípio da vinculação ao edital, dado que dele decorre a assinatura de ata de registro de preços e contratação fora do preceituado e previsto no edital de licitação pública.

4.2.4 Agravo aos princípios da moralidade administrativa e da impessoalidade

O *princípio da moralidade* relaciona-se aos padrões morais, isto é, aos comportamentos reputados como honestos e virtuosos pelos membros da Sociedade. A moralidade posta no meio administrativo quer agregar força ao princípio da legalidade, evitando que agentes administrativos deturpem as competências que lhes foram atribuídas por lei para a prática de atos incompatíveis com os valores que a Sociedade considera acertados.

Sobremaneira, para o Direito Administrativo, a moralidade significa harmonia com o interesse público, vetor máximo de todos os princípios e regras que o informam, impondo aos agentes administrativos conduta reta, honesta, de boa-fé, idônea, que vise, insista-se, a atender interesse público, jamais privado, pessoal.

Nesse sentido, o princípio da moralidade conecta-se ao princípio da impessoalidade, na medida em que aos agentes administrativos é vedado valerem-se da coisa pública para colher benefícios ilegítimos de ordem pessoal, para tirarem proveito próprio, para si ou para pessoas ligadas a si em detrimento do interesse público. Para evitar que isso ocorra, para evitar que os agentes administrativos atuem desonestamente, preocupados em lograr proveito pessoal à margem do interesse público, impõe-se a eles o cumprimento de uma série de formalidades, fundamentais ao desenho do Direito Administrativo.

Nas licitações públicas e contratos administrativos, os princípios da moralidade e, de certa forma, da impessoalidade são bastante abrangentes, opondo-se, por exemplo, a contratos superfaturados, ao direcionamento da contratação mesmo que indiretamente, à contratação com pessoas ligadas à Administração Pública, ao tráfico de influência, ao favorecimento de contratados, etc.

O *carona*, no mínimo, expõe os princípios da moralidade e da impessoalidade a risco excessivo e desproporsitado, abrindo as portas da Administração a todo tipo de *lobby*, tráfico de influência e favorecimento pessoal.

Imagine-se o seguinte: a empresa "A" ganhou licitação e assinou ata de registro de preços para fornecer mil unidades de dado produto. Com a ata de registro de preços em mãos, a empresa "A" pode procurar qualquer entidade administrativa, pelo menos cinco novas entidades administrativas, propondo aos agentes administrativos responsáveis por ela aderirem à ata, entrando de *carona*, e, pois, contratarem sem licitação. É de imaginar ou, na mais tênue hipótese, supor que a empresa

"A" pode vir a oferecer alguma vantagem (propina) aos representantes destas outras entidades administrativas, para que os mesmos adiram à ata de registro de preços que a favorece e viabilizem a contratação. Nesse prisma, a empresa "A", que participou de licitação para fornecer mil unidades, pode vender cinco mil unidades, dependendo muitas vezes apenas do seu poder de *lobby*, do quão ela é competente em tráfico de influência ou do montante da propina que ela se dispõe a pagar.

O *carona* é o júbilo dos lobistas, do tráfico de influência e da corrupção, especialmente num país como o nosso, com instituições e meios de controle tão frágeis. Os lobistas e os corruptores não precisam mais propor o direcionamento de licitação; basta proporem o *carona* e tudo está resolvido.

Não se quer afirmar que todos que participam do *carona* defendem a imoralidade, são desonestos ou receberam algum tipo de vantagem indevida. O que se quer afirmar é que o carona abre as portas da Administração Pública nacional a isso, porquanto não há controle algum. O representante de dada entidade é quem decide, praticamente de forma livre, se adere à ata de registro de preços de outra entidade ou não e, com isso, se beneficia ou não o fornecedor que assinou a aludida ata de registro de preços. E, em meio a esse processo decisório, há um grande risco de o representante da entidade aceitar alguma espécie de agrado para beneficiar o fornecedor e optar pelo *carona*, o que, se ocorrer, importa agravo ao princípio da moralidade e, junto com ele, ao da impessoalidade. Só alguém muito ingênuo e completamente alienado da realidade nacional pode supor que isso não aconteça com certa frequência no Brasil.

4.2.5 Agravo ao princípio da economicidade

O princípio da economicidade impõe que a Administração firme contratos vantajosos sob o ponto de vista econômico-financeiro, pagando aos contratados o menor preço, desde que a proposta, como um todo, seja exequível.

Atualmente, a economia de escala é realidade inexorável do capitalismo. Em termos práticos, a lógica é a seguinte: quem compra mais paga menos. O preço de uma unidade é bem superior ao preço de mil unidades. Por isso é que o mercado privado vem sendo dominado por grandes redes de varejo, que compram largas quantidades e, portanto, conseguem obter preços mais vantajosos.

A adesão à ata de registro de preços viola abertamente o princípio da economicidade. Ora, uma empresa participa de licitação para promover registro de preços cujo objeto é constituído por quinhentos computadores. Logo, ela oferece preço para quinhentos computadores. Vence a licitação e assina a ata de registro de preços. No curso da vigência da ata, outras cinco entidades aderem a ela e o fornecedor, em vez de vender quinhentos computadores, vende ao todo três mil computadores. O ponto é que os três mil computadores são vendidos ao mesmo preço dos quinhentos computadores. Como dito, por força da economia de escala, no mercado, o preço de três mil computadores é inferior ao preço de quinhentos computadores. Por via de consequência, a Administração Pública, ao pagar por três mil computadores o mesmo preço de quinhentos computadores, arca com valor superior ao praticado no mercado, o que vulnera o princípio da economicidade.

4.3 A posição do Tribunal de Contas da União

A figura da adesão à ata de registro de preços é equivocada, não se harmoniza aos princípios fundamentais do Direito Administrativo, pelo que é inconstitucional e ilegal. Sem embargo, a adesão à ata de registro de preços existe desde o ano de 2001, com o advento do Decreto Federal nº 3.931/01, sendo amplamente utilizada pela Administração, sobremodo a Federal, sem que os órgãos de controle tivessem se manifestado sobre a mesma, para reconhecer-lhe a antijuridicidade ou não.

Insista-se que a situação é mais grave no âmbito federal, seio onde surgiu a figura da adesão à ata de registro de preços, que se tornou uma *chaga, epidemia* de proporções babescas.

A primeira reação do Tribunal de Contas da União, sob a égide do Decreto Federal nº 3.931/01, foi sentida com a prolação do Acórdão nº 1.487/2007. Leia-se trecho do Acórdão:

> 6. Diferente é a situação da adesão ilimitada a atas por parte de outros órgãos. Quanto a essa possibilidade não regulamentada pelo Decreto nº 3.931/2001, comungo o entendimento da unidade técnica e do Ministério Público que essa fragilidade do sistema afronta os princípios da competição e da igualdade de condições entre os licitantes.
>
> 7. Refiro-me à regra inserta no art. 8º, §3º, do Decreto nº 3.931, de 19 de setembro de 2001, que permite a cada órgão que aderir à Ata, individualmente, contratar até 100% dos quantitativos ali registrados. No caso em concreto sob exame, a 4ª Secex faz um exercício de raciocínio em que demonstra a possibilidade real de a empresa vencedora do citado Pregão 16/2005 ter firmado contratos com os 62 órgãos que aderiram à ata, na ordem de aproximadamente *2 bilhões de reais*, sendo que, inicialmente, sagrou-se vencedora de *um único certame licitatório* para

prestação de serviços no valor de *R$32,0 milhões*. Está claro que essa situação é incompatível com a orientação constitucional que preconiza a competitividade e a observância da isonomia na realização das licitações públicas.

8. Para além da temática principiológica que, por si só, já reclamaria a adoção de providências corretivas, também não pode deixar de ser considerado que, num cenário desses, a Administração perde na economia de escala, na medida em que, se a licitação fosse destinada inicialmente à contratação de serviços em montante bem superior ao demandado pelo órgão inicial, certamente os licitantes teriam condições de oferecer maiores vantagens de preço em suas propostas.

Perceba-se que a situação é realmente grave e impactante. De carona em carona, uma ata de registro de preços de trinta e dois milhões de reais transformou-se em sessenta e três atas, totalizando dois bilhões de reais. E este não é o único caso. Os exemplos acumulam-se.

Em face desse caso específico, o Tribunal de Contas da União resolveu tomar providências, determinando o seguinte:

> 9.2. determinar ao Ministério do Planejamento, Orçamento e Gestão que:
>
> 9.2.2. adote providências com vistas à reavaliação das regras atualmente estabelecidas para o registro de preços no Decreto nº 3.931/2001, de forma a estabelecer limites para a adesão a registros de preços realizados por outros órgãos e entidades, visando preservar os princípios da competição, da igualdade de condições entre os licitantes e da busca da maior vantagem para a Administração Pública, tendo em vista que as regras atuais permitem a indesejável situação de adesão ilimitada a atas em vigor, desvirtuando as finalidades buscadas por essa sistemática, tal como a hipótese mencionada no Relatório e Voto que fundamentam este Acórdão;
>
> 9.2.3. dê ciência a este Tribunal, no prazo de 60 (sessenta) dias, das medidas adotadas para cumprimento das determinações de que tratam os itens anteriores; [...]

O referido Acórdão do Tribunal de Contas da União foi bastante festejado pelos professores de Direito Administrativo, pelo menos dos que se opõem à adesão à ata de registro de preços. Finalmente o Tribunal de Contas da União manifestara-se e finalmente reconheceu que havia algo de errado.

Sem embargo, o referido Acórdão do Tribunal de Contas da União não está livre de críticas.

Em primeiro lugar, não é de competência do Tribunal de Contas da União lançar determinações à Presidência da República ou a

Ministros para a correção de atos normativos. Se fosse o caso, o Decreto Federal nº 3.931/01 deveria ser sustado pelo Congresso Nacional, na forma do inciso V do artigo 49 da Constituição Federal. No silêncio do Congresso Nacional, o caminho seria o controle de constitucionalidade realizado pelo Poder Judiciário. Trocando-se em miúdos, a decisão extravasa a competência do Tribunal de Contas da União — conquanto o tema da competência dos órgãos de controle seja bastante controvertido.

Em segundo lugar, o posicionamento do Tribunal de Contas da União não merece regozijo porque não reputou a adesão à ata de registro de preços antijurídica. Não faz sentido jurídico afirmar que a adesão à ata de registro de preços viola os princípios de Direito Administrativo, como afirmado em alto e bom som no corpo do Acórdão, e ao final apenas determinar ao Executivo que promova ajustes. Sob a premissa de que o carona viola os princípios de Direito Administrativo, não haveria outra solução razoável para o Tribunal de Contas da União afora declarar a sua ilegalidade diante do caso concreto que lhe foi apresentado. Em vez disso, ao fim e ao cabo, o Tribunal de Contas da União deu abrigo à adesão à ata de registro de preços, permitindo que ela se perpetuasse.

E pior, o Tribunal de Contas da União, tangenciando a questão da competência, naquela oportunidade, determinou que o Executivo estabelecesse limites, porém não suspendeu a vigência da adesão à ata de registro de preços até que os tais limites fossem criados e passassem a valer. Seria menos estranho que o Tribunal de Contas da União suspendesse a utilização da ata de registro de preços até que os ditos limites fossem prescritos. Do modo como procedeu, o Tribunal de Contas da União acarinhou a aplicação indiscriminada e abusiva da adesão à ata de registro de preços até o belo dia em que o Executivo resolvesse tomar alguma providência e dar cumprimento ao Acórdão nº 1.487/2007.

De lá para cá, pelo menos até o Decreto Federal nº 7.892/13, o Executivo muito disse e nada fez. Muito disse porque há anos ouve-se nos corredores que estaria prestes a ser lançada nova regulamentação sobre registro de preços, com as limitações queridas pelo Tribunal de Contas da União. Ela só deu o ar de sua graça em 2013, depois de longos e sombrios cinco anos.

Parece que isso causou certo constrangimento. Nos últimos anos, o Tribunal de Contas da União tomou conjunto de decisões cujos teores de alguma maneira restringem o uso da adesão à ata de registro de preços, ainda que sem atacar o seu âmago. Podem-se citar as seguintes: (i) Acórdão nº 1793/2011, Plenário, da Relatoria do Ministro Valmir

Campelo, que proíbe órgãos e entidades da Administração Pública Federal aderirem à ata de registro de preços de estados e municípios, na mesma linha da Orientação Normativa nº 21/2011, da Advocacia Geral da União; (ii) Acórdão nº 1.793/2011, do Plenário, também da lavra do Ministro Valmir Campelo, que determina a obrigação de divulgação prévia de intenção de promover o registro de preços, para que mais de um órgão ou entidade promova a licitação em conjunto, evitando adesões; (iii) Acórdão nº 1.793/2011, do Plenário, mais uma vez do Ministro Valmir Campelo, que condiciona a adesão à ata de registro de preços à prévia e ampla pesquisa de mercado, com o objetivo de avaliar a vantagem da ata a ser aderida sob os aspectos técnicos, econômicos e temporários; (iv) Acórdão nº 1.192/2010, do Plenário, relatado pelo Ministro José Múcio Monteiro, que proíbe os órgãos da Administração Pública aderirem às atas de registro de preços das entidades do Sistema "S"; (v) Acórdão nº 889/2010, Plenário, da autoria do Ministro Raimundo Carreiro, cuja dicção demanda que o Ministério da Agricultura somente permita que órgãos e entidades ligadas ao agronegócio e que possuam conexão com ele adiram as suas atas de registro de preços; (vi) Acórdão nº 2.557/2010, da Segunda Câmara, relatado pelo Ministro José Jorge, que proíbe a adesão à ata de registro de preços quando o objeto consignado na ata apresentar diferenças essenciais em relação às necessidades do órgão ou entidade que pretende aderir.

Bem se vê que, diante do silêncio sepulcral e embaraçoso do Executivo acerca da determinação do Acórdão nº 1.487/2007, o Tribunal de Contas da União passou a interpretar a adesão à ata de registro de preços com crescente restrição. Quando podia falar sobre o assunto, entre uma interpretação mais larga e outra mais estreita, preferiu todas as vezes a estreita. Era prenúncio.

Então, o Tribunal de Contas da União surpreendeu o meio jurídico-administrativo com o Acórdão nº 1.233/2012, da relatoria do eminente e douto Ministro Aroldo Cedraz, em que resolveu de uma vez definir os limites da adesão à ata de registro de preços, tomando para si a atribuição que havia gentilmente concedido ao Executivo no Acórdão nº 1.487/2007.

Pois bem, o novo entendimento do Tribunal de Contas da União é que as adesões à ata de registro de preços estão limitadas à quantidade consignada inicialmente na ata.

Explicando melhor, na forma até então vigente e prevista no Decreto Federal nº 3.931/02, suponha-se que a entidade "A" detém ata com o registro de cem unidades. A entidade "B" adere à ata da entidade "A", sendo-lhe permitido contratar cem unidades. Ou seja, o fornecedor poderia vender cem unidades para a entidade "A" e cem unidades para a entidade "B". Se outras dez entidades aderissem, cada uma poderia contratar cem unidades. Nesse sentido, com sucessivas adesões, não havia limites para as contratações decorrentes de ata de registro de preços.

Agora, com a nova percepção do Tribunal de Contas da União, seguindo com o mesmo exemplo, as entidades "A" e "B" em conjunto não podem contratar mais do que cem unidades. Ou seja, o conjunto de todas as contratações decorrentes da ata de registro de preços não poderá ultrapassar cem unidades, independentemente do número de aderentes. Portanto, a entidade "A" somente permitirá a adesão da entidade "B" e de outras entidades se ela não tiver expectativa de usar todo o quantitativo previsto na sua ata, se houver alguma sobra. Se ela pretender consumir as cem unidades, ela não poderá permitir a adesão de terceiros. Assim, a adesão de terceiros seria limitada às sobras do detentor da ata de registro de preços.

Atrai a atenção o fato do sobredito Acórdão nº 1.233/2012 não ter sido produzido em processo que tratasse diretamente do temário do registro de preços. Na verdade, a decisão foi tomada no bojo de amplo estudo realizado pelos técnicos do Tribunal de Contas da União sobre as licitações e os contratos de tecnologia da informação. São páginas e mais páginas (precisamente 151 páginas), com manifestações de diversos setores e níveis acerca da tecnologia da informação. No meio disso tudo, ombreando com *bytes* e *megabytes*, apareceu a limitação de adesão à ata de registro de preços. Um observador mais maldoso poderia supor que o Tribunal de Contas da União perdeu a paciência diante do descumprimento reiterado do Executivo acerca da definição de limites preconizada no Acórdão nº 1.487/2007 e resolveu ele mesmo, desfazendo-se da timidez, ao seu modo e ao seu juízo, fixar os sobreditos limites. A intenção que permeia o Acórdão foi a melhor e ele parte declaradamente da premissa segundo a qual tem havido abusos.

Ainda que se reconheça a boa intenção e a coragem de encarar o problema, convém ponderar a respeito do procedimento pouco ortodoxo do Tribunal de Contas da União, para não dizer inconstitucional. Embora esta delimitação de competências das cortes de contas seja bastante controvertida, não cabe ao Tribunal de Contas da União definir limites que não são pressupostos em lei ou regulamento. Arvorou-se, nessa medida, à função legislativa ou regulamentar. Caberia ao Tribunal de Contas da União decidir pela legalidade ou não da adesão à ata de registro de preços diante de casos concretos. Não lhe é legítimo legislar ou mesmo regulamentar o tema, à vista do princípio da legalidade, enfeixado no inciso II do artigo 5º da Constituição Federal, e da competência regulamentar que é outorgada ao Presidente da República pelo inciso IV do artigo 84 da Constituição Federal.

O Tribunal de Contas da União não foi tão novidadeiro, seguiu orientação que vinha sendo sugerida pela Consultoria Zênite (confira-se *Informativo de Licitações e Contratos – ILC*, Orientação da Consultoria, n. 89, p. 167, jan. 2008), o posicionamento já conhecido do Tribunal de Contas do Mato Grosso (confira-se Acórdão nº 475/2007) e o prescrito no §2º do artigo 15-A do Decreto nº 47.945/03, com a redação dada pelo Decreto nº 51.809/07 do Estado de São Paulo.

Esse acórdão do Tribunal de Contas da União impacta a maneira como se visualizava a adesão à ata de registro de preços. Até então era amplamente difundida e aceita a tese de que o detentor da ata não tinha responsabilidade sobre o que acontecia com os aderentes. Ele não precisava controlar os aderentes, porquanto estes podiam contratar para si o total do quantitativo registrado na ata, por efeito do que era como se a ata fosse do próprio aderente, que a utilizava livremente. Essa premissa caiu por terra, dado que, na nova visão, a soma das contratações do detentor da ata e dos aderentes não poderia ultrapassar a quantidade inicialmente registrada. Por conseguinte, o detentor da ata deve autorizar e controlar cada uma das contratações pretendidas pelos aderentes. Nesse sentido, o detentor da ata poderia ser prejudicado se autorizar adesões de maneira precipitada. Ora, cada nova contratação realizada por aderente diminuiria a quantidade que poderia ser contratada pelo detentor da ata. É de imaginar que os detentores da ata não autorizariam adesões nos meses iniciais de vigência das atas, porquanto eles não saberiam se precisariam de toda a quantidade registrada ou se haveria alguma sobra. Ademais, o detentor da ata não seria beneficiado em nada com as adesões, só poderia ser prejudicado, caso autorizasse para quantidade que não preveja contratar e depois se arrependa. Por prudência, seria melhor ao detentor da ata não autorizar as adesões. Por todas essas razões, a expectativa era que o novo desenho do Tribunal de Contas da União fizesse diminuir substancialmente o número de adesões às atas de registro de preços.

Apesar da boa intenção, o limite então entabulado pelo Tribunal de Contas da União não é o bastante para harmonizar a figura da adesão à ata de registro de preços aos princípios de Direito Administrativo. Alguns dos problemas jurídicos alusivos à adesão à ata de registro de preços seriam resolvidos, porém não todos. Os que sobram seriam suficientes para afirmar que a adesão à ata de registro de preços permanece inconstitucional e ilegal.

Em primeira leitura, a limitação imposta pelo Tribunal de Contas da União no Acórdão nº 1.233/12 parece que conforma a adesão à ata de registro de preços ao princípio da vinculação ao edital, dado que já não poderia gerar contratos com quantidades superiores as indicadas previamente nos editais das licitações que as antecederam. Sob essa perspectiva, realmente a nova visão do Tribunal de Contas da União colaboraria para minimizar o desprezo pelo princípio da vinculação ao edital, porém não é suficiente para conformar a adesão à ata de registro de preços ao referido princípio.

Sucede que o princípio da vinculação ao edital deve ser visualizado de mãos dadas ao princípio da isonomia, como se fosse uma concreção deste. Ora, a Administração não pode se apartar das regras do edital porque se o fizesse trataria os licitantes de maneira desigual. As regras da licitação são definidas no edital e determinantes para a avaliação dos interessados em participar ou não das licitações. Nessa toada, é acanhada a interpretação de que o princípio diria respeito apenas às quantidades definidas no edital. O princípio passa pelas quantidades e vai muito além delas. À evidência, a vinculação é tocante a todas as regras enfeixadas no edital, pertinentes a todos os seus elementos e não apenas à quantidade. Assim, a decisão do Tribunal de Contas da União é falha porque impede o desrespeito ao princípio da vinculação ao edital apenas em relação à quantidade, silenciando no que tange aos seus demais aspectos, o que ressoa na isonomia.

Como já ressaltado, um dos aspectos principais sobre o qual incide o princípio da vinculação ao edital é o da pessoa que promove a licitação. Vale-se mais uma vez de hipóteses ilustrativas: a entidade "A" é mau pagadora e lança licitação para registro de preços. Dada empresa, conhecedora da inadimplência da entidade "A", resolve não participar desta licitação. A licitação é bem-sucedida e a ata assinada. A entidade "B", que cumpre suas obrigações, precisa do objeto consignado na ata da entidade "A". Aquela empresa, que não quis contratar com a entidade "A", interessa-se em fornecer para a entidade "B". Se a entidade "B", em vez de licitar, adere à ata da entidade "A", a empresa não poderá disputar tal contrato, não poderá oferecer proposta e, nesse talante, será negativamente discriminada, ofendido o seu direito ao tratamento isonômico.

Nessa hipótese, a malversação do princípio da isonomia está diretamente conectada com a malversação do princípio da vinculação ao edital. Acontece que o edital de licitação era da entidade "A". As pessoas que acorreram a tal licitação ofereceram proposta para a entidade "A".

Ninguém ofereceu proposta para a entidade "B". Portanto, ao permitir que a entidade "B" firme contrato com base na licitação promovida pela entidade "A", o princípio da vinculação ao edital é violado em relação ao aspecto da pessoa que promove a licitação. Dito de outra forma, não se harmoniza ao princípio da vinculação ao edital que licitação promovida em nome de dado órgão ou entidade administrativa gere contratos para outros órgãos ou entidades administrativas. Se fosse o caso, que todos os órgãos e entidades interessados em contratar realizassem a licitação em conjunto e indicassem isto expressamente no edital de licitação — hipótese da intenção de registro de preços, prevista no artigo 4º do Decreto Federal nº 7.892/13. Coisa diferente é a adesão à ata de registro de preços, repita-se, em que um órgão ou entidade promove a licitação e outros tantos não mencionados no edital contratam com base no resultado dela.

Os princípios da moralidade, impessoalidade e economicidade seriam atendidos e satisfeitos com a limitação imposta pelo Tribunal de Contas da União no Acórdão nº 1.233/12. A exposição às negociatas é restrita, porque a ata não pode mais gerar contratações ilimitadas. Com o mesmo timbre, não se deve mais cogitar de perdas em economia de escala, porquanto os contratos serão limitados à quantidade inicialmente licitada e registrada na ata.

A adesão à ata de registro de preços, mesmo com a restrição imposta pelo Tribunal de Contas da União, permanece contrária ao princípio da legalidade, porque continua sem suporte legal. O princípio da isonomia continua ofendido, como comentado acima.

Enfim, a Presidente da República, ao baixar o Decreto Federal nº 7.892/12, não respeitou o limite preconizado pelo Tribunal de Contas da União. Permitiu, no §4º do artigo 22, que as adesões multiplicassem por cinco o quantitativo registrado na ata. O desalinho entre o Tribunal de Contas da União e a Presidente da República, a menos neste aspecto, é frontal. A posição assumida no Decreto Federal nº 7.892/12 é bem menos restritiva, a rigor, cinco vezes menos restritiva do que a preconizada pelo Tribunal de Contas da União no Acórdão nº 1.233/12. Como já noticiado, até o fechamento desta edição, o Tribunal de Contas da União não se manifestou sobre o novo limite para as adesões à ata de registro de preços previsto no Decreto Federal nº 7.892/12. Em bom português, o Tribunal de Contas da União foi desafiado pela Presidente da República. O tempo dirá se o Tribunal de Contas da União será realmente subjugado, ao menos em relação a este aspecto.

4.3.1 A posição de outros tribunais de contas

Outros tribunais de contas, de alguns estados, também se manifestaram sobre a adesão à ata de registro de preços.

O Tribunal de Contas do Estado do Mato Grosso reconheceu, também, legitimidade à adesão à ata de registro de preços no Acórdão nº 475/2007. Entretanto, ele proibiu que a adesão à ata de registro de preços, no total, ultrapassasse o quantitativo previsto na ata original acrescido de 25% (vinte e cinto por cento), nos termos do §1º do artigo 65 da Lei nº 8.666/93. Explicando melhor, para o Tribunal de Contas do Estado do Mato Grosso, é permitido aderir à ata de registro de preços, quantas vezes for, desde que ao todo, contando todas as adesões, não se ultrapasse 25% (vinte e cinco por cento) do valor inicialmente licitado e registrado na ata original.

O Tribunal de Contas do Distrito Federal manifestou-se para reconhecer validade à adesão à ata de registro de preços, conforme resposta à consulta formulada nos autos do Processo nº 35.501/2005.

O Tribunal de Contas do Estado de São Paulo manifestou-se contrário à adesão à ata de registro de preços, embora não a tenha proibido em termos absolutos. Segue passagem elucidativa da Decisão tomada nos autos do TC-38240/026/08:

> Não se desconhece, no sistema de registro de preços, a possibilidade de haver a conjugação de interesses de determinados órgãos participantes, sob a coordenação de um gerenciador, sendo-lhes facultada a utilização de uma mesma ata de registro de preços para eventuais e futuras contratações. Na prática, atendido o dever de prévio planejamento, a Administração cuida de pesquisar, *anteriormente à realização da licitação*, as necessidades de cada órgão, para que, estimada determinada quantidade, seja realizado certame para o registro de preço em ata, da qual podem, futuramente, se aproveitar os entes envolvidos na licitação.
>
> Atualmente, por força não de lei, mas de disposição contida em Decreto, há quem admita a utilização da ata de registro de preços por quaisquer outros órgãos não participantes do processo licitatório, bastando, para tanto, consulta ao órgão gerenciador e consentimento do fornecedor, bem por isso denominados "caronas". [...]
>
> Advogam os defensores da figura do "carona" que a possibilidade de adesão tardia a uma ata de registro de preços, já válida e existente, confere às contratações públicas maiores celeridade e eficiência, evitando-se a realização desnecessária de diversos certames licitatórios para o mesmo propósito.
>
> Esquecem-se, no entanto, de que todo e qualquer meio que vise a assegurar a desejada eficiência na atividade da Administração deve

obediência ao princípio da legalidade e da segurança jurídica, pilares do Estado de Direito.

A figura do "carona", nos termos ora instituído por decreto, burla a regra de extração constitucional (artigo 37, XXI), segundo a qual "ressalvados os casos especificados na legislação, as obras, serviços, compras e alienações serão contratados, mediante processo de licitação pública que assegure igualdade de condições a todos os concorrentes".

Na boa companhia de doutrinadores, também penso que afronta os princípios da legalidade, isonomia, economicidade, vinculação ao instrumento convocatório e competitividade. [...]

Ademais, a "carona" é campo fértil para o administrador ímprobo que, na perspectiva de adquirir bens ou serviços, poderá negociar com contemplados(s) em ata(s), realizar licitação ou optar por celebrar o contrato com aquele que lhe ofereça vantagem ilícita, em grave afronta aos princípios da impessoalidade, moralidade e economicidade.

O Tribunal de Contas do Estado de Santa Catarina reconheceu a ilegalidade da adesão à ata de registro de preços. A propósito, leia-se o teor do Prejulgado nº 1.895:

> 1. O Sistema de Registro de Preços, previsto no art. 15 da Lei (federal) nº 8.666/93, é uma ferramenta gerencial que permite ao administrador público adquirir de acordo com as necessidades do órgão ou da entidade licitante, mas os decretos e as resoluções regulamentadoras não podem dispor além da Lei das Licitações ou contrariar os princípios constitucionais.
>
> 2. Por se considerar que o sistema de "carona", instituído no art. 8º do Decreto (federal) nº 3.931/2001, fere o princípio da legalidade, não devem os jurisdicionados deste Tribunal utilizar as atas de registro de preços de órgãos ou entidades da esfera municipal, estadual ou federal para contratar com particulares, ou permitir a utilização de suas atas por outros órgãos ou entidades de qualquer esfera, excetuada a situação contemplada na Lei (federal) nº 10.191/2001.

O Tribunal de Contas do Estado do Paraná, em extenso e profundo acórdão (Acórdão nº 984/11, Plenário), considerou que a adesão à ata de registro de preços demandaria norma nacional. Leia-se trecho da ementa:

> 1. Consulta. Licitação. Adesão a atas de registro de preços – "carona". Questionamento quanto à possibilidade de a Câmara Municipal aderir a licitações realizadas pela Prefeitura e quanto à necessidade de lei local que preveja tal possibilidade.

2. Análise da figura jurídica denominada "adesão". No âmbito da legislação federal, previsão do instituto no Decreto Federal nº 3.931/2001 (regulamenta o sistema de registro de preços), na Lei Federal nº 10.191/2001 (aquisição de bens relativos às ações de saúde) e no Decreto Federal nº 6.768/2009 (Programa "Caminhos da Escola").
3. Considerações doutrinárias favoráveis e contrárias à adesão. Aspectos relativos à legalidade e à constitucionalidade do instituto. Críticas e refutações às críticas ao instituto. 3.1. Princípio da legalidade: necessidade de previsão em lei em sentido formal. 3.2. Aumento ilimitado das contratações e apropriação do ganho relativo à economia de escala pelo particular e não em favor da Administração Pública. 3.3. Princípio da isonomia. 3.4. Vinculação ao instrumento convocatório. 3.5. Disciplina da habilitação. 3.6. Criação de hipótese de dispensa de licitação. 3.7. Corrupção.
4. Legislação dos entes da Federação. Análise das leis e decretos dos estados-membros, do Distrito Federal e de alguns municípios brasileiros. Regras fixadas na legislação de forma a evitar contratações ilimitadas.
5. Decisões do Tribunal de Contas da União e de alguns tribunais de contas estaduais. Fixação de parâmetros e moderações à utilização da adesão de forma a evitar contratações ilimitadas.
6. Debates em Plenário. Aspectos jurídicos e práticos favoráveis e contrários à utilização da figura do "carona". Limitação do escopo da resposta a ser oferecida pelo Tribunal. Opção do Tribunal por não se manifestar quanto à constitucionalidade ou não da adesão. Entendimento de que a instituição da figura da adesão é norma de licitação de caráter geral e que, portanto, cabe exclusivamente à União legislar sobre a matéria, nos termos do inciso XXVII do art. 22 da Constituição da República.
7. Decisão. Limitação do escopo da consulta. Resposta: *não* é possível à Câmara Municipal aderir a licitações realizadas pela Prefeitura porque, para isso, seria necessário existir previsão em lei nacional, emanada da União, nos termos do inciso XXVII do art. 22 da Constituição da República.

Alguns tribunais de contas adotoram posições restritivas a respeito da adesão à ata de registro de preços, o que merece aplausos.

4.4 Preocupações relacionadas aos limites para as adesões à ata de registro de preços

Como exposto, a adesão à ata de registro de preços foi limitada pelo Tribunal de Contas da União e pelo Decreto Federal nº 7.892/13. O Tribunal de Contas da União, no Acórdão nº 1.233/12, prescreve que o conjunto de adesões não pode ultrapassar o quantitativo fixado na ata de registro de preços. Já o Decreto Federal nº 7.892/13 autoriza que as adesões multipliquem por cinco o quantitativo registrado na ata. Qualquer que seja o limite, ele pode ser facilmente manipulado ou desvirtuado.

Atrai a atenção o procedimento de intenção de registro de preços e o provável aumento de atas de registro de preços compartilhadas por vários órgãos e entidades (órgão gerenciador e órgãos participantes). O ponto é que, se a licitação é realizada por vários órgãos em conjunto, o quantitativo é inflado em face do total da demanda de todos eles. Dez órgãos diferentes reúnem-se para a promoção de licitação conjunta para registro de preços. A demanda de cada órgão é de mil unidades. Se a ata fosse de cada um isoladamente, o quantitativo seria de mil unidades e, portanto, as adesões não poderiam ultrapassar cinco mil unidades (de acordo com o limite do Decreto Federal nº 7.892/13). Entretanto, se dez órgãos promovem a licitação em conjunto, o quantitativo passa a dez mil unidades e, portanto, as adesões podem somar cinquenta mil unidades. Ou seja, é relevante a preocupação de que a possibilidade de ata de registro de preços compartilhada por vários órgãos ou entidades aumente exponencialmente o quantitativo possível para as adesões. Se for assim, o Decreto Federal nº 7.892/13 amplia o espectro da adesão em vez de limitá-la.

Outro ponto que merece cuidado especial é o planejamento das licitações realizadas para a promoção de registro de preços. Como já salientado, a característica mais importante do registro de preços é que a Administração não está obrigada a contratar o quantitativo consignado na ata, ela contrata de acordo com a sua necessidade. Nesse sentido, corre-se o risco de a Administração prever na licitação e registrar na ata quantitativo muito superior a sua real demanda para facilitar e ampliar futuras adesões. Portanto, sugere-se que os órgãos de controle investiguem os motivos que levam a Administração a definir os quantitativos de ata de registro de preços. Conquanto seja permitido prever quantitativo superior à real necessidade do órgão ou entidade, é preciso que a estimativa seja razoável e proporcional.

4.5 Procedimento para adesão à ata de registro de preços

O autor do presente capítulo é contra a adesão à ata de registro de preços, já que ela fere uma plêiade de princípios jus-administrativos. Entretanto, a adesão à ata de registro de preços é prática corrente na Administração nacional, com o endosso de alguns tribunais de contas, inclusive do Tribunal de Contas da União, ainda que este tenha determinado limite mais rigoroso, conforme o Acórdão nº 1.233/12. De todo modo, em que pese a visão mais restritiva do Tribunal de Contas da União, o Decreto Federal nº 7.892/13 revigorou e voltou a ampliar a adesão à ata de registro de preços. É de supor, à margem do entendimento do autor do presente capítulo, que a adesão à ata de registro de preços, popular *carona*, deve continuar a fazer parte do cotidiano da Administração nacional e talvez agora, com o novo Decreto Federal nº 7.892/13, com mais força. Por isso, a partir deste tópico, ressalvada a posição do autor deste capítulo, enfrentar-se-ão problemas operacionais da adesão à ata de registro de preços, esclarecendo aspectos procedimentais e práticos àqueles que pretendem se valer dela.

Como visto, a Lei nº 8.666/93 não trata da adesão à ata de registro de preços. Quem tratava do assunto é o Presidente da República, no artigo 8º do Decreto Federal nº 3.931/01, que veiculava normas sucintas, sem detalhar, especialmente, o procedimento e as formalidades que devem cercar a adesão à ata de registro de preços. Isto gerava insegurança, porquanto cada entidade acabava criando o seu procedimento, sem respeitar padronização. O ponto é que provavelmente os idealizadores do antigo Decreto Federal, que criou a figura da adesão à ata de registro de preços, não projetaram a amplíssima acolhida da Administração Pública. Por isso, provavelmente deixaram de tratar de muitos detalhes, especialmente, como dito, de aspectos procedimentais. Na falta de normas claras sobre o assunto, os agentes administrativos e jurídicos lançavam-se a interpretações sistêmicas sobre o antigo Decreto Federal e sobre a própria legislação, tentando estabelecer alguma baliza ou critério. Sem embargo, o desencontro era usual.

O novo Decreto Federal de nº 7.892/13 veicula com mais clareza normas de caráter procedimental. A vantagem do Decreto Federal nº 7.892/13 é que grande parte do que antes precisava ser deduzido de maneira meio oblíqua hoje está expresso e claro. Destacam-se os seguintes dispositivos do artigo 22 do Decreto Federal nº 7.892/13:

> Art. 22. Desde que devidamente justificada a vantagem, a ata de registro de preços, durante sua vigência, poderá ser utilizada por qualquer órgão ou entidade da Administração Pública Federal que não tenha participado do certame licitatório, mediante anuência do órgão gerenciador.
>
> §1º Os órgãos e entidades que não participaram do registro de preços, quando desejarem fazer uso da ata de registro de preços, deverão consultar o órgão gerenciador da ata para manifestação sobre a possibilidade de adesão.

§2º Caberá ao fornecedor beneficiário da ata de registro de preços, observadas as condições nela estabelecidas, optar pela aceitação ou não do fornecimento decorrente de adesão, desde que não prejudique as obrigações presentes e futuras decorrentes da ata, assumidas com o órgão gerenciador e órgãos participantes.

§3º As aquisições ou contratações adicionais a que se refere este artigo não poderão exceder, por órgão ou entidade, a cem por cento dos quantitativos dos itens do instrumento convocatório e registrados na ata de registro de preços para o órgão gerenciador e órgãos participantes.

§4º O instrumento convocatório deverá prever que o quantitativo decorrente das adesões à ata de registro de preços não poderá exceder, na totalidade, ao quíntuplo do quantitativo de cada item registrado na ata de registro de preços para o órgão gerenciador e órgãos participantes, independente do número de órgãos não participantes que aderirem.

§5º O órgão gerenciador somente poderá autorizar adesão à ata após a primeira aquisição ou contratação por órgão integrante da ata, exceto quando, justificadamente, não houver previsão no edital para aquisição ou contratação pelo órgão gerenciador.

§6º Após a autorização do órgão gerenciador, o órgão não participante deverá efetivar a aquisição ou contratação solicitada em até noventa dias, observado o prazo de vigência da ata.

§7º Compete ao órgão não participante os atos relativos à cobrança do cumprimento pelo fornecedor das obrigações contratualmente assumidas e a aplicação, observada a ampla defesa e o contraditório, de eventuais penalidades decorrentes do descumprimento de cláusulas contratuais, em relação às suas próprias contratações, informando as ocorrências ao órgão gerenciador.

O *caput* do artigo 22 do Decreto Federal nº 7.892/13 prescreve exigência — que já se encontrava no artigo 8º do antigo Decreto Federal nº 3.931/01 — de que a adesão à ata de registro de preços depende da vantajosidade para o aderente e que esta deve ser justificada. Portanto, antes de aderir à ata de registro de preços, quem pretende fazê-lo deve motivar, explicar as razões da adesão, que é mais vantajoso aderir à ata de registro de preços de um terceiro a promover a sua própria licitação.

A justificativa da vantajosidade depende de três aspectos, dois relacionados ao objeto, o primeiro qualitativo, o segundo quantitativo e o terceiro econômico-financeiro, a respeito da compatibilidade do preço registrado com o praticado no mercado.

Explicando melhor: em primeiro lugar, no tocante ao aspecto qualitativo, para que a adesão seja vantajosa, é necessário que o objeto consignado na ata que se pretenda aderir atenda às necessidades do aderente. Ou seja, tenha as características e as especificações pretendidas pelo aderente. Em termos práticos, quem pretende aderir a uma ata de registro de preços de computador precisa demonstrar que o computador consignado na ata de registro de preços pretendida, com as suas especificações e características, atende a sua necessidade. Ora, não faria sentido aderir à ata de registro de preços cujo objeto guarda uma outra especificação, que não aquela pretendida pela Administração.

Em segundo lugar, ainda relacionado ao objeto da futura adesão, é preciso demonstrar que a quantidade registrada na ata que se pretenda aderir e que se encontra à disposição para a adesão cobre a necessidade do aderente. Por exemplo, se o órgão ou entidade pretende adquirir trinta computadores, não faz sentido aderir à ata de registro de preços em que se disponha para adesão de apenas dez computadores. Para admitir a adesão neste caso, ter-se-ia que apresentar outras justificativas, como preço excepcional, urgência na aquisição de quantidade menor (o restante poderia ser contratado em médio prazo) ou existência de outra ata de registro de preços com o mesmo objeto que complementasse a quantidade disponível na ata de registro de preços que se pretenda aderir.

Em terceiro lugar, não se pode deixar de justificar a vantajosidade do preço registrado na ata que se pretenda aderir. É de presumir que o preço registrado na ata seja vantajoso. Sem embargo, esta presunção não é absoluta e não dispensa quem pretende aderir fazer a sua própria pesquisa de preços no mercado, até porque os preços podem variar de acordo com o local da entrega dos produtos ou prestação dos serviços, dos fornecedores de cada órgão ou entidade, que não são necessariamente os mesmos, do perfil e da postura do órgão ou entidade, se costuma pagar ou não seus compromissos nas datas contratadas, sem atrasos, além de outros elementos. O tempo também é relevante, porque, repita-se, a ata de registro de preços tem vigência por até um ano. Nesse interregno, podem ocorrer variações de preços. A pesquisa de preços pode ser realizada, entre outros meios, com a consulta a três potenciais fornecedores ou prestadores de serviços e com a pesquisa dos valores de outros contratos ou mesmo outras atas de registro de preços que tenham objetos idênticos ou semelhantes ao que se pretenda aderir, na forma do inciso V do artigo 15 da Lei nº 8.666/93.

Sugere-se, inclusive, que, antes de procurar uma ata de registro de preços a ser aderida, o órgão ou entidade formule termo de referência ou documento equivalente indicando as suas necessidades e o preço considerado compatível com o mercado. Daí, com a posse do seu próprio termo de referência, procure ata de registro de preços que o contemple. O encontro de uma ata de registro de preços que satisfaça substancialmente o termo de referência produzido representa indicativo e boa prova da vantajosidade. Entretanto, na prática da Administração, vem ocorrendo o contrário, o procedimento costuma ser de trás para a frente: o órgão ou entidade encontra ou toma ciência da existência de dada ata de registro de preços e, com base nela, fabrica ou tenta encontrar justificativas para a vantajosidade da adesão. Não é por isso que a justificativa e a própria adesão são inválidas, salienta-se que o importante é a real justificativa da vantagem. Contudo, desta maneira, de trás para a frente, a motivação da Administração fica mais vulnerável e frágil, devendo ser analisada com mais rigor.

É importante salientar que o Tribunal de Contas da União vem se posicionando neste sentido:

> [ACÓRDÃO] 1.1. Determinar à Caixa de Financiamento Imobiliário da Aeronáutica (CFIAe) que: [...] 1.1.3 faça constar nas contratações realizadas mediante adesão a ata de registro de preços, que nos respectivos processos licitatórios realizados pela unidade: a) que a contratação a ser procedida seja acompanhada de justificativa que atenda ao interesse da administração, sobretudo quanto aos valores praticados, conforme preceitua o art. 3º, §4º, inciso II do Decreto nº 3.931/2001 (Acórdão nº 555/2007 – TCU, 1ª Câmara, subitem 2.3.2); b) justificativa contendo o diagnóstico da necessidade da aquisição; c) ampla pesquisa de mercado, em equipamento equivalente ou similar, de forma a atender o disposto no §1º do art. 15 da Lei nº 8.666/1993.[58]
>
> [Representação. Licitação. Determinações para a correta utilização do registro de preços] [ACÓRDÃO] 9.2. determinar ao Tribunal Regional do Trabalho da 22ª Região que: 9.2.1. formalize, previamente às contratações por meio de Adesão à Ata de Registro de Preços, o termo de caracterização do objeto a ser adquirido, bem como apresente as justificativas contendo o diagnóstico da necessidade da aquisição e da adequação do objeto aos interesses da Administração, em obediência ao disposto nos arts. 14 e 15, §7º, inciso II, da Lei nº 8.666/1993; 9.2.2. providencie pesquisa de preço com vistas a verificar a compatibilidade dos valores dos bens a serem adquiridos com os preços de mercado e a comprovar a vantagem para a Administração, mesmo no caso de aproveitamento de Ata de Registro de Preços de outro órgão da Administração Pública, em cumprimento ao art. 15, §1º, da Lei nº 8.666/1993; 9.2.3. abstenha-se de adquirir bens em quantidade superior

---

[58] Tribunal de Contas da União. Relação 10/2008. Órgão julgador: Segunda Câmara. Rel.: Raimundo Carreiro. Julgamento: 13.05.2008.

à registrada na Ata de Registro de Preços, evitando ocorrência semelhante à que consta do processo PA 624/2006, nos termos do art. 8º, §3º, do Decreto nº 3.931/2001.[59]

O *caput* do artigo 22 do Decreto Federal nº 7.892/12 também prescreve que a adesão à ata de registro de preços depende da anuência do "órgão gerenciador", isto é, do "dono da ata" ou, quando houver mais de um "dono", do responsável pela gestão da ata. O §1º do mesmo artigo 22 reforça a prescrição do *caput*, preceituando que o "órgão gerenciador" deve ser consultado para manifestar-se sobre a possibilidade da adesão. O artigo 8º do antigo Decreto Federal nº 3.931/01 prescrevia medida equivalente, condicionava a adesão à "prévia consulta ao órgão gerenciador". Portanto, não houve novidade em relação a este aspecto.

O apelido "carona" é apropriado para compreender este aspecto do procedimento da adesão à ata de registro de preços. Ora, a carona depende da vontade. Ninguém deve ser obrigado a oferecer carona. Se for obrigado, já não se trata mais de carona, mas algo próximo de um sequestro ou coisa equivalente.

Afora o trocadilho, não seria razoável supor uma adesão forçada, sem o consentimento do responsável pela ata de registro de preços a ser aderida. Quem fez a licitação e é o responsável pela ata de registro de preços deve avaliar se o fornecedor ou prestador do serviços reúne condições para oferecer os seus produtos ou préstimos a terceiros sem prejudicar os compromissos já assumidos. Veja-se, inclusive, que o §4º do artigo 22 do Decreto Federal nº 7.892/13 prescreve limite para as adesões, o quíntuplo de cada item registrado. Assim sendo, o responsável pela ata de registro de preços, nominado como "órgão gerenciador" pelo *caput* do artigo 22 do Decreto Federal nº 7.892/13, é obrigado a controlar todas as adesões, para não permitir que estas, em seu conjunto, ultrapassem o referido limite.

O §2º do artigo 22 do Decreto Federal nº 7.892/13 prescreve que o fornecedor ou prestador de serviços deve ser consultado sobre a adesão. O antigo Decreto Federal nº 3.931/01, mais precisamente o §2º do seu artigo 8º, prescrevia disposição semelhante, por efeito do que, mais uma vez, não houve novidade. É que o fornecedor ou prestador, quando ofereceu proposta em licitação, comprometeu-se com os órgãos ou entidades que promoveram a licitação e não com terceiros. Por

---

[59] Tribunal de Contas da União. Acórdão nº 2764/2010. Órgão julgador: Plenário. Rel.: Marcos Bemquerer. Julgamento: 13.10.2010.

consequência, os terceiros que pretendem utilizar a ata de registro de preços precisam do consentimento do fornecedor ou prestador.

O §4º do artigo 22 do Decreto Federal nº 7.892/13 prescreve que o edital deverá prever o limite para as adesões à ata de registro de preços, que não poderá ultrapassar o quíntuplo do quantitativo de cada item registrado. Portanto, ergue uma nova condição para a adesão, que é a previsão do limite no edital de licitação que deu origem à ata de registro de preços. O dispositivo em comento já poderia ele próprio estabelecer o limite para as adesões. Entretanto, esta não foi a solução dada pela Presidente da República. O limite é desenhado por cada edital. Se o edital for omisso e não estabelecer os limites expressamente, não se poderá permitir qualquer adesão. Então, uma outra formalidade é verificar se o edital prevê ou não limites, quais foram os limites e se houve adesões anteriores e em qual quantidade, para identificar o saldo ainda disponível para novas adesões.

O §5º do artigo 22 do Decreto Federal nº 7.892/13 prescreve que a adesão somente poderá ser autorizada depois da primeira contratação realizada por órgão ou entidade integrante da ata de registro de preços, exceto quando, justificadamente, não houve previsão no edital para aquisição ou contratação pelo órgão gerenciador.

Há notícias de atas de registro de preços que não geraram contratações pelos seus integrantes, porém que foram objeto de várias adesões. Ou seja, os contratos advieram das adesões e não dos órgãos ou entidades que promoveram a licitação. No mínimo, é inusitado que isso ocorra e, portanto, a Presidente da República resolveu proibir a prática, provavelmente sob a suspeita de que em casos desta ordem ocorre alguma subversão do interesse público. Poder-se-ia cogitar que órgão ou entidade fosse utilizado ilicitamente para satisfazer interesses comerciais privados, lançando licitação sem qualquer necessidade ou demanda, a fim de gerar ata de registro de preços que fosse posteriormente aderida por terceiros, gerando negócios para o fornecedor ou prestador signatário da ata de registro de preços.

Admite-se, como exceção, casos em que o próprio órgão gerenciador, justificada e deliberadamente, abre licitação para registro de preços e não pretende, ele próprio, firmar contrato. É o caso de um órgão ou entidade central que realiza licitações para registro de preços com o propósito deliberado de oferecer a ata para órgãos ou entidades a ela vinculados ou ligados. Seria mais conveniente prever que estes outros órgãos ou entidades fossem inscritos no edital como órgãos participantes, consoante o procedimento de intenção de registro de preços, previsto no artigo 4º do Decreto Federal nº 7.892/13. Mas, de todo modo, a Presidente da República preferiu admitir a hipótese de realizar a licitação e assinar ata de registro de preços sem previsão de contratação, desde que previamente justificado, evidentemente diante de alguma situação peculiar e, pode-se dizer, excepcional.

O §6º do artigo 22 do Decreto Federal nº 7.892/13 prescreve que o aderente deve "efetivar a aquisição ou contratação solicitada em até noventa dias, observado o prazo de vigência da ata".

Essa prescrição introduz sistemática bem diferente da prevista no antigo Decreto Federal nº 3.931/01. Até então se entendia que, uma vez ultimada a adesão, o aderente poderia firmar quantos contratos pretendesse durante a vigência da ata, desde que não ultrapassasse o quantitativo total previsto na ata. Ele não precisava, salvo exigência excepcional do órgão ou entidade responsável pela ata ou do próprio fornecedor ou prestador signatário da ata, definir, de antemão, a quantidade que pretendia contratar. Ele aderia e firmava os contratos que lhe aprouvessem.

No regime do Decreto Federal nº 7.892/13, em face do §6º do seu artigo 22, já não é mais assim. O órgão ou entidade que pretende aderir deve indicar o quantitativo que pretende contratar quando solicita a adesão. A rigor, o pedido de adesão é acompanhado da indicação precisa da quantidade. A prescrição é razoável, até para apurar se o fornecedor ou prestador signatário da ata terá ou não capacidade para atender quem solicita a adesão. Além disso, autorizada a adesão pelo detentor da ata de registro de preços, os contratos devem ser formalizados no prazo máximo de noventa dias, desde que ainda dentro do prazo de vigência da ata. Convém mencionar que o §4º do artigo 103 do Decreto Federal nº 7.581/11, aplicável sobre as atas de registro de preços decorrentes do Regime Diferenciado de Contratações, prescreve que a assinatura dos contratos deve ocorrer em até trinta dias da autorização dada pelo órgão ou entidade detentor da ata.

Outrossim, ao tratar da ata de registro de preços, no capítulo quarto, defendeu-se a tese de que ela deve ser aprovada previamente pela assessoria jurídica, em obediência ao prescrito no parágrafo único do artigo 38 da Lei nº 8.666/93. O mesmo deve ocorrer com a adesão à ata de registro de preços. A assessoria jurídica da entidade aderente deve se pronunciar a respeito.

Ainda, é necessário que se produza ato administrativo que formalize a adesão à ata de registro de preços, o que é atribuição da autoridade competente, de acordo com a organização interna de cada órgão ou entidade. Esse ato administrativo de adesão à ata de registro de preços deve ser publicado no Diário Oficial e no Portal de Compras do Governo Federal, em respeito ao §2º do artigo 15 da Lei nº 8.666/93, ao inciso II do artigo 11 e ao artigo 14, ambos os dispositivos do Decreto Federal nº 7.892/13.[60]

Diante das prescrições do artigo 22 do novo Decreto Federal nº 7.892/13, propõe-se que o processo para a formalização de ata de registro de preços siga os seguintes passos:
- 1º passo: abre-se processo administrativo, devidamente autuado e numerado, a fim de juntar todos os documentos relativos à adesão à ata de registro de preços;
- 2º passo: sugere-se que se produza espécie de termo de referência, com, no mínimo, três informações: (i) a indicação da necessidade do órgão ou da entidade, com as especificações técnicas do produto ou serviços que ela pretende contratar; (ii) a definição da quantidade pretendida; (iii) e a indicação do preço considerado adequado, precedido por pesquisa de preço realizada no mercado, juntando-se, como anexo, a cópia da pesquisa de preço;
- 3º passo: pesquisa preliminar sobre atas de registro de preços disponíveis para adesão, com a indicação expressa, formal e justificada da que melhor atende as necessidades do órgão ou entidade que pretende a adesão em face dos elementos constantes do termo de referência (justificativa da vantajosidade);
- 4º passo: o órgão ou entidade interessada dirige ofício à entidade detentora da ata de registro de preços solicitando informações, requerendo a adesão e indicando a quantidade que pretende contratar. São necessárias três informações: (i) se o edital prevê a possibilidade de adesão; (ii) se houve adesões anteriores e se ainda há quantidade disponível para nova adesão; (iii) se a entidade detentora da ata de registro de preços consente com a adesão;
- 5º passo: a entidade detentora da ata de registro de preços consulta o signatário dela, o fornecedor ou prestador do serviço, requerendo a concordância dele;

---

[60] Sobre a publicação da ata de registro de preços, remete-se o leitor ao Capítulo 3.
A propósito, o Tribunal de Contas de Minas Gerais já decidiu:
"Quanto à publicidade do instrumento de adesão e das aquisições que dele decorrerem prevalece, a meu juízo, o dever de observar a regra geral da licitação contida na legislação de regência, em especial a Lei Federal nº 8666/93, valendo para o 'carona' as mesmas regras impostas às outras entidades/órgãos envolvidos no certame" (Tribunal de Contas de Minas Gerais. Consulta 757978. Rel.: Gilberto Diniz. Sessão: 08.10.2008).

- 6º passo: o signatário da ata de registro de preços dirige ofício ou outro documento à entidade detentora da ata de registro de preços concordando ou não com a adesão;
- 7º passo: o órgão ou entidade detentora da ata de registro de preços dirige ofício ao órgão ou entidade interessada, aderente, concordando ou não com a adesão, com cópia do ofício ou documento do signatário da ata de registro de preços;
- 8º passo: o processo de adesão à ata de registro de preços deve ser aprovado pela assessoria jurídica do órgão ou entidade interessada, aderente;
- 9º passo: a autoridade competente do órgão ou entidade interessada, aderente, emite ato administrativo de adesão à ata de registro de preços;
- 10º passo: publica-se a adesão à ata de registro de preços, com informações básicas, dentre as quais, órgão ou entidade detentora da ata, órgão ou entidade aderente, signatário da ata, objeto, preço e vigência da ata.

É recomendável que os órgãos ou entidades que costumam aderir à ata de registro de preços produzam alguma normativa disciplinando e padronizando o procedimento, até mesmo para preservar os seus servidores.

4.6 Adesão à ata de registro de preços de entidades de esferas federativas distintas

Questão recorrente envolve a licitude de uma entidade pertencente a dado ente federativo aderir à ata de registro de preços de entidade pertencente a outro ente federativo. Pois bem, os parágrafos 8º e 9º do artigo 22 do Decreto Federal nº 7.892/13 versam sobre o assunto:

> Art. 22.
> §8º É vedada aos órgãos e entidades da Administração Pública Federal a adesão à ata de registro de preços gerenciada por órgão ou entidade municipal, distrital ou estadual.
> §9º É facultada aos órgãos ou entidades municipais, distritais ou estaduais a adesão à ata de registro de preços da Administração Pública Federal.

O dispositivo supracitado não proíbe em absoluto a adesão de atas de registro de preços entre órgãos e entidades de esferas federativas diferentes. Ele proíbe apenas que os órgãos e entidades federais adiram às atas de órgãos e entidades estaduais, municipais ou do Distrito Federal. Por sua vez, permite que estas adiram às atas federais.

A solução veiculada no Decreto Federal nº 7.892/13 é apegada a entendimento que vem sendo sufragado pela Advocacia-Geral da União e pelo Tribunal de Contas da União. Ainda sob a vigência do antigo Decreto Federal nº 3.931/01, a Advocacia-Geral da União editou a Orientação Normativa nº 21/2009, vedando que órgãos públicos federais procedam à adesão de atas de registro de preços da Administração Pública estadual, municipal ou do Distrito Federal. Na mesma senda, é o entendimento do Tribunal de Contas da União, vazado no Acórdão nº 6511/2009, em que se destaca o seguinte trecho:[61]

> [Representação. Licitação. Registro de preços. Adesão ou participação apenas por órgãos ou entidades do mesmo ente] [ACÓRDÃO] 1.6. Determinar ao Embratur que: [...] 1.6.2. abstenha de aderir ou participar de Sistema de Registro de Preços, se a gerência desse estiver a cargo de órgão ou entidade da Administração Pública Estadual, Municipal ou do Distrito Federal, em razão da devida publicidade que deve ser dada ao certame licitatório no âmbito da Administração Pública Federal, em obediência ao inciso I do art. 21 da Lei nº 8.666/93, bem como de conformidade aos princípios básicos da legalidade, da publicidade e da igualdade e à Orientação Normativa AGU 21/2209 (Tribunal de Contas da União. Relação 34/2009. Órgão Julgador: Primeira Câmara. Relator: Walton Alencar Rodrigues. Julgamento: 17.11.2009)

O argumento do Tribunal de Contas da União é que, se a ata de registro de preços é estadual, municipal ou do Distrito Federal, a licitação pública que a antecedeu não teve a mesma dimensão de publicidade que as promovidas pelos órgãos e entidades da Administração Pública Federal, uma vez que o aviso do edital, em consonância com os incisos do artigo 21 da Lei nº 8.666/93 e com o inciso I do artigo 4º da Lei nº 10.520/02, foi publicado no Diário Oficial do respectivo ente federado e não no da União. Isso explicaria a solução apresentada pelos parágrafos 8º e 9º do artigo 22 do Decreto Federal nº 7.892/13, proibindo que órgãos e entidades federais adiram à ata estadual, distrital ou municipal, porém permitindo que os estados, Distrito Federal e municípios adiram às atas federais.

O raciocínio encampado pela Advocacia Geral da União, pelo Tribunal de Contas da União e agora pelo Decreto Federal nº 7.892/13

---

[61] Tribunal de Contas da União. Acórdão nº 6511/2009. Órgão julgador: 1ª Câmara. Rel.: Walter Alencar Rodrigues. Sessão: 17.11.2009.

parte de premissa equivocada. Ocorre que a publicidade dos editais promovidos por órgãos e entidades federais não é mais ampla que a dos editais estaduais, distrital ou municipais. É apenas diferente. Insista-se, de acordo com os incisos do artigo 21 da Lei nº 8.666/93 e com o inciso I do artigo 4º da Lei nº 10.520/02, a diferença é que os editais federais são publicados no Diário Oficial da União e os demais no do respectivo ente. Todos eles circulam livremente e por todo o país. Não existe Diário Oficial da República Federativa do Brasil, que perpassaria todos os entes federados. O Diário é da União, que não passa de mais um ente da federação, não se sobrepõe aos outros por imperativo do artigo 19 da Constituição Federal.

Pode-se dizer, no máximo, que os diários oficiais dos diferentes entes federativos têm focos e repercussões diferentes. Nesse sentido, talvez num determinado Estado o Diário Oficial do Estado seja mais eficaz que o Diário Oficial da União. Quer dizer que, a depender da situação, o Diário Oficial do Estado pode oferecer maior publicidade e ampliar mais a disputa que o Diário Oficial da União. Repita-se, um não se sobrepõe ao outro, são apenas diferentes.

Desse modo, se a vedação à adesão à ata de registro de preços estadual, distrital ou municipal por órgão ou entidade federal fosse pertinente e fizesse sentido, também deveria ser vedada a adesão estadual, distrital ou municipal às atas federais. Repita-se que as publicidades são diferentes e a da União não é necessariamente mais ampla ou mais eficaz que a dos demais entes federados.

De toda sorte, a lógica da adesão à ata de registro de preços não depende, necessariamente, da licitação pública que a antecedeu. Se dependesse, a conclusão deveria ser pela inconstitucionalidade e ilegalidade completa da adesão à ata de registro de preços — como, aliás, defende o subscritor deste capítulo. Ora, se dependesse da licitação pública, como uma ata de registro de preços, decorrente de edital com quantitativo de mil unidades, pode, através de adesões sucessivas, alcançar seis mil unidades. Admitida a figura da adesão à ata de registro de preços, ela e o aderente não devem ser condicionados pela licitação pública que antecedeu à ata a ser aderida.

Convém salientar que não haveria de cogitar de atentado à autonomia federativa, dado que a adesão à ata de registro de preços depende da concordância de ambos os envolvidos. Haveria violação à autonomia federativa se uma entidade, pertencente a uma esfera federativa, impusesse a outra, de outra esfera federativa, a adesão à ata de registro de preços. No entanto, como isso não ocorre, como tudo depende, insista-se, da concordância de ambas as partes, não há qualquer óbice.

4.7 Aditivos à ata de registro de preços aderida

A entidade aderente deve manter as mesmas condições da ata de registro de preços original, sem que seja a ela permitido alterar o objeto. Relembre-se que a adesão à ata de registro de preços somente deve ser realizada se comprovada a sua vantajosidade, que envolve questões de ordem econômico-financeira e técnica. Se o objeto consignado na ata de registro de preços não atende às demandas técnicas da entidade interessada, se for necessário objeto com outras especificações, ela não deve ultimar a adesão. Ela deve realizar a sua própria licitação.

É o entendimento do Tribunal de Contas da União:

1.5. Alertar o [...] que: [...]

1.5.4. abstenha-se de aderir a atas de registro de preços cujos objetos possuam diferenças essenciais em relação às necessidades demonstradas por essa autarquia, a exemplo do ocorrido quando da adesão à Ata de Registro de Preços do Pregão Eletrônico nº 22/2006, do Ministério do Exército, por violar o disposto no §1º do art. 54 da Lei nº 8.666/1993, c/c o art. 8º do Decreto nº 3.931/2001.[62]

Na vigência do antigo Decreto Federal nº 3.931/01, o autor deste capítulo entendia que ao aderente era permitido promover para si alteração quantitativa na ata de registro de preços, desde que respeitados o limite de 25% (vinte e cinco por cento) do valor inicial atualizado registrado na ata, conforme o §1º do artigo 65 da Lei nº 8.666/93, e desde que não interferisse nas especificações técnicas do objeto. Esse entendimento não pode mais subsistir diante do novo Decreto Federal nº 7.892/13, haja vista que o §1º do seu artigo 12 proíbe que a ata de registro de preços sofra alteração quantitativa. Nesse passo, se o órgão ou entidade detentor da ata não pode alterá-la, é evidente que os aderentes também não podem fazê-lo.

Admite-se apenas pequenos ajustes no objeto da ata de registro de preços, sempre de ordem periférica e em total exceção. Por exemplo, ata de registro de preços que tem por objeto uniforme escolar. A camiseta do uniforme é de cor amarela. O aderente pretende que a camiseta do seu uniforme seja da cor azul. Isto não prejudicaria em nada o plexo de obrigações contraídas na ata de registro de preços, não a desnaturaria nem a afetaria. Por razoabilidade, deve-se admitir por que, em caso contrário, é provável que qualquer adesão estaria inviabilizada.

---

[62] Tribunal de Contas da União. Acórdão nº 2557/2010. Órgão julgador: 2ª Câmara. Rel.: José Jorge. Sessão: 25.05.2010.

4.8 Prazo para o aderente contratar com base na ata aderida

Outra questão que desperta dúvida envolve o prazo de vigência da ata de registro de preços para a entidade aderente. O *caput* do artigo 8º do antigo Decreto Federal nº 3.931/01 prescrevia que a ata de registro de preços, "durante a sua vigência, poderá ser utilizada por qualquer órgão ou entidade da Administração". Desse modo, o prazo de vigência da ata de registro de preços para a entidade aderente coincidia com o prazo de vigência original dela. Encerrada a vigência da ata de registro de preços original, encerrava-se automaticamente o prazo de vigência para todas as entidades aderentes. A partir de então, vencido o prazo de vigência da ata de registro de preços que deu ensejo às adesões, todas as contratações realizadas não encontrariam cobertura nela.

O tema mereceu uma nova abordagem pelo §6º do artigo 12 do Decreto Federal nº 7.892/13:

> Art. 22. §6º Após a autorização do órgão gerenciador, o órgão não participante deverá efetivar a aquisição ou contratação solicitada em até noventa dias, observado o prazo de vigência da ata.

O supracitado 6º do artigo 22 do Decreto Federal nº 7.892/13 prescreve prazo de apenas noventa dias a contar do consentimento do órgão ou entidade responsável pela ata de registro de preços com a adesão para o aderente firmar a contratação por ele pretendida. Este prazo de noventa dias é reduzido se antes dele vencer o prazo total da ata. Ocorre que o vencimento do prazo extingue a ata de registro de preços. A partir de então nenhum contrato pode ser firmado com base em tal ata, pouco importa se o suposto contratante seja o órgão ou entidade detentor da ata ou o aderente.

4.9 Responsabilidade da entidade aderente pela licitação pública que precedeu a ata de registro de preços

A entidade aderente e os seus servidores não podem ser responsabilizados pela licitação que antecedeu a ata de registro de preços, já que ela não foi conduzida por eles.

Na situação em apreço, vale a presunção de legitimidade dos atos administrativos. Ora, a licitação foi realizada, foi homologada, a ata assinada e publicada. Não há nenhuma ordem interna ou externa para a invalidação da licitação ou da ata de registro de preços. A entidade aderente não tem qualquer razão para presumir ou desconfiar que houve ilegalidade na condução da licitação e que, por isso, ela e a ata de registro de preços sejam inválidas. Nessa toada, se a licitação for posteriormente invalidada, a entidade aderente e os seus servidores não têm qualquer responsabilidade.

Evidentemente, se a licitação é nula, a ata de registro de preços que lhe seguiu também o é. A validade da ata de registro de preços é condicionada à validade da licitação. E o mesmo deve ocorrer com todas as adesões àquela ata de registro de preços. Tudo cai por terra, como peças de dominó enfileiradas. Sem embargo, a entidade aderente e os seus servidores não devem ser responsabilizados ou penalizados, o que é algo bem diferente.

Até porque não se pode olvidar do princípio da individualização das penas, que é de alçada constitucional, previsto no inciso XLVI do artigo 5º da Constituição Federal, e que encontra ampla aplicação no Direito Administrativo.[63] Ou seja, as pessoas devem ser penalizadas de acordo e na medida das suas condutas. Se a entidade aderente e os seus servidores não intervieram na licitação pública, os mesmos não podem ser responsabilizados por ilegalidades havidas na condução dela. Tudo que houve na condução da licitação pública é estranho à entidade aderente e aos seus servidores.[64]

4.10 Possibilidade de o aderente penalizar o fornecedor ou prestador do serviço

O §7º do artigo 22 do Decreto Federal nº 7.892/13 prescreve o seguinte:

---

[63] É isso que afirma o administrativista Régis de Oliveira: "É princípio do Direito brasileiro a individualização da pena (§13, parte final, do art. 153 da CF). Não se pode afirmar que tal dispositivo apenas se aplica ao criminoso. Isto porque a Constituição não necessita descer a detalhes, nem disciplinar casos concretos. Dá limites ao legislador, impondo-lhe restrições. A interpretação restrita de tal dispositivo poderia levar à conclusão de que apenas está outorgando garantia ao réu do processo crime; mas não pode ser esta a interpretação jurídica. É que a individualização da pena alcança toda e qualquer infração. É decorrência da interpretação lógica do todo sistemático do Direito" (OLIVEIRA. *Infrações e sanções administrativas*, p. 73).

[64] Convém sublinhar que o Tribunal de Contas da União possui precedente que propugna solução diferente:
"9.2.1. oriente os órgãos e entidades da Administração Federal para que, quando forem detectadas falhas na licitação para registro de preços que possam comprometer a regular execução dos contratos advindos, abstenham-se de autorizar adesões à respectiva ata" (Tribunal de Contas da União. Acórdão 1487/2007. Órgão Julgador: Plenário. Rel.: Valmir Campelo. Julgamento: 1º.08.2007).

Art. 22. §7º Compete ao órgão não participante os atos relativos à cobrança do cumprimento pelo fornecedor das obrigações contratualmente assumidas e a aplicação, observada a ampla defesa e o contraditório, de eventuais penalidades decorrentes do descumprimento de cláusulas contratuais, em relação às suas próprias contratações, informando as ocorrências ao órgão gerenciador.

O fornecedor ou prestador do serviço signatário da ata de registro de preços assume compromisso, obrigação e responsabilidade para com o órgão ou entidade aderente no momento em que consentiu com a adesão à ata de registro de preços. Portanto, a partir desse momento, se comete alguma falta diante das obrigações assumidas para com o órgão ou entidade aderente, está sujeito a ser penalizado. E, evidentemente, se quem sofreu o inadimplemento do fornecedor ou prestador do serviço foi o aderente, é ele quem goza de competência para instaurar o respectivo processo administrativo e aplicar a penalidade que lhe pareça a mais apropriada, respeitadas as regras que lhe são pertinentes. Noutras palavras, o aderente não precisa de licença ou autorização ou quejandas do responsável pela ata de registro de preços (órgão gerenciador) para penalizar quem descumpriu obrigações assumidas para consigo.

CAPÍTULO 5

CONTRATO ADMINISTRATIVO DECORRENTE DE ATA DE REGISTRO DE PREÇOS

EDGAR GUIMARÃES

5.1 Aplicação da sistemática da Lei nº 8.666/93

A Lei nº 8.666/93, em seus artigos 54 e seguintes, estabelece normas relativas aos denominados contratos administrativos. Em tais dispositivos não há qualquer tratativa específica acerca de contratos firmados em decorrência de um registro de preços.

Inexiste qualquer necessidade de haver prescrições legais especiais acerca dos contratos derivados do sistema de registro de preços, pois na verdade o que muda é apenas o supedâneo para a contratação que se materializa. Em outras palavras, pouco importa se a contratação está ocorrendo em face de uma licitação comum ou de certame licitatório que registrou fornecedores e seus respectivos preços, os contratos celebrados deverão observar as regras gerais prescritas no regime jurídico das licitações e contratações, qual seja, a Lei nº 8.666/93.[65]

Não se pode perder de vista que, no registro de preços, a relação jurídica entre a Administração Pública e o fornecedor que teve o seu

---

[65] Exceção feita aos contratos de concessão e permissão de serviços públicos que em âmbito federal possuem disciplina própria fixada na Lei nº 8.987/95 e não podem ser celebrados mediante registro de preços.

preço registrado se perfaz por meio da ata de registro de preços, que, de acordo com o decreto regulamentador federal, *é documento vinculativo, obrigacional, com características de compromisso para futura contratação.* Apresenta-se, dessa forma, como instrumento jurídico hábil que vincula o fornecedor à Administração Pública durante o seu prazo de vigência.

Sob esse prisma, instaurada, processada, julgada e homologada uma licitação para registro de preços, de imediato este certame irá originar tão somente uma ata de registro de preços. As contratações que esta ata poderá gerar deverão estar em conformidade com as disposições gerais relativas aos contratos administrativos (Lei nº 8.666/93), consoante se depreende da parte final do artigo 15 do Decreto Federal nº 7.892/13.

5.2 Formalização do contrato administrativo

As relações jurídicas da Administração Pública derivadas de licitação ou de contratação direta devem, necessariamente, ser formalizadas. Nas contratações resultantes de registro de preços a situação não é diferente.

Formalização pode ser conceituada como a materialização do contrato que se dará mediante a elaboração de certo instrumento. A Lei nº 8.666/93, ao regular a formalização dos contratos administrativos em seu artigo 60, determina que os contratos e seus aditamentos devem ser lavrados nas repartições interessadas, salvo os relativos a direitos reais sobre imóveis, que se formalizam em cartório de notas. Cabe, portanto, à própria entidade contratante a obrigação de adotar esta providência relativa à formalização da avença.

5.2.1 Competência para formalizar o contrato

O artigo 15 do Decreto Federal nº 7.892/13 prescreveu regra no mesmo sentido da lei licitatória, ao estatuir que a contratação dos fornecedores registrados seja formalizada pelo órgão interessado participante do sistema.

Ainda, como medida salutar de controle, o artigo 60 da lei licitatória também determina que a entidade contratante mantenha um arquivo cronológico de todos os seus contratos e respectivos aditamentos.

5.2.2 Utilização de termo contratual ou instrumento equivalente

Regra geral, as contratações públicas são formalizadas por escrito, em virtude de que o parágrafo único do artigo 60 da Lei nº 8.666/93 reputa nulo e de nenhum efeito o contrato verbal com a Administração, salvo o referente a pequenas compras de pronto pagamento com valor inferior a R$4.000,00, feitas sob o regime de adiantamento.

No que pertine ao instrumento de que se vale a entidade contratante para formalização de uma contratação originária de uma ata de registro de preços, o Decreto Federal nº 7.892/13 em nada inovou, ou seja, estabeleceu o mesmo regramento dos contratos em geral.

De fato, materializada a necessidade de adquirir um bem ou contratar um serviço com preço registrado em ata, o artigo 15 do regulamento federal dispõe que a formalização da contratação deve ocorrer por intermédio de instrumento contratual, emissão de nota de empenho de despesa, autorização de compra ou outro instrumento hábil, conforme o disposto no artigo 62 da Lei nº 8.666/93.

Ainda sob a égide do revogado Decreto Federal nº 3.931/01, o Tribunal de Contas da União decidiu:

> Acórdão nº 413/2010 – 1ª Câmara – REGISTRO DE PREÇOS. Ementa: determinação à [...] para que, ao contratar com fornecedores registrados, após a indicação pelo órgão gerenciador do registro de preços, proceda à formalização da aquisição por meio da assinatura de contrato ou outro instrumento hábil, como nota de empenho de despesa, autorização de compra ou ordem de execução de serviço, conforme disposto no art. 11 do Decreto nº 3.931/2001, c/c o art. 62 da Lei nº 8.666/1993.

O mencionado artigo 62 da Lei de Licitações estabelece que o instrumento de contrato é obrigatório nos casos de concorrência, tomada de preços e nas contratações celebradas com dispensa ou inexigibilidade de licitação, se os valores desses contratos estiverem compreendidos nos limites dessas duas modalidades.

Percebe-se que o legislador, ao vincular a obrigatoriedade do instrumento de contrato à utilização destas modalidades de licitação (concorrência e tomada de preços), culminou, de forma indireta, por estabelecer a regra em razão dos limites de valores fixados para cada uma delas, valores estes consignados nos incisos do artigo 23 da Lei nº 8.666/93.

Por corolário, a meu ver, o comando estatuído no *caput* do artigo 62 deve ser interpretado da seguinte forma: para contratações abaixo de

R$80.000,00, valor limite para adoção de licitação modalidade convite, o termo de contrato não é obrigatório.

Por outro lado, o §4º do referido artigo dispensa o termo de contrato e faculta a sua substituição, a critério da Administração e independentemente de seu valor, nos casos de compra com entrega imediata e integral dos bens adquiridos, desde que não haja qualquer obrigação futura para o contratado, inclusive assistência técnica.

Primeiramente é preciso dizer que o artigo 62, *caput* e o seu §4º fixam duas regras autônomas e independentes que devem ser obtemperadas à sistemática peculiar do registro de preços. Não há dúvidas de que o decreto regulamentar determina que se aplique o referido artigo às contratações originárias de registro de preços. Todavia, é preciso analisar alguns aspectos específicos.

Não se pode olvidar que a licitação para registro de preços pode ser instaurada tanto na modalidade concorrência quanto pregão e, dadas as especificidades expostas anteriormente, dará origem a uma ata de registro de preços, diferentemente do que ocorre numa licitação comum, onde temos a competição, a seleção de um vencedor e a sua contratação imediata.

Ademais, uma ata de registro de preços poderá gerar várias contratações que deverão ser formalizadas, não em face do valor registrado em ata ou da modalidade que se adotou anteriormente, mas levando em consideração, de forma isolada, cada contratação que aquela ata acarreta.

Assim, suponha-se um registro de preços para computadores portáteis que tenha originado uma ata com quantidade de duas mil unidades a um custo total de R$4.000.000,00. A modalidade de licitação que foi adotada para registrar os preços e o valor (R$) total registrado não terá qualquer influência na formalização das futuras aquisições, que serão materializadas tendo como supedâneo a ata de registro de preços.

Na verdade, como dito acima, será imperioso verificar o valor da contratação considerada isoladamente. Na hipótese acima aventada, se o valor de uma aquisição totalizar R$70.000,00, o termo de contrato não é obrigatório. Porém, se uma aquisição de computadores importar em R$90.000,00, o instrumento de contrato torna-se obrigatório, podendo ser dispensado e substituído por outro documento equivalente, se a entrega for imediata e integral e inexistir obrigação futura para o contratado.

Para arrematar, cabe uma última observação. O Decreto Federal nº 7.892/13 inovou ao determinar que o contrato deve ser assinado no prazo de validade da ata de registro de preços (§4º do art. 12). Embora o decreto tenha feito menção apenas à expressão "contrato", sustento que a mesma regra deva ser aplicada na hipótese de utilização de instrumentos equivalentes para formalização da contratação, tais como: nota de empenho, autorização de entrega, ordem de fornecimento, etc.

5.2.3 A questão da expressão "entrega imediata"

A propósito da expressão "entrega imediata" consignada no artigo sob análise, a Lei nº 8.666/93 a conceitua como "aquela com prazo de entrega até trinta dias da data prevista para apresentação da proposta", conforme §4º do artigo 40.

Em termos práticos, nas licitações comuns, essa normatização é de difícil observância. É sabido que, em virtude dos prazos legais, especialmente aqueles que envolvem matéria recursal, juntamente com o impacto da Lei Complementar nº 123/06 nas licitações, atualmente os certames licitatórios são processados e julgados em prazo superior a trinta dias.

Já em licitações para registro de preços, a observância dos trinta dias para caracterizar a *entrega imediata*, nos termos da lei, é absolutamente impossível de se materializar, tendo em vista que este prazo é contado da data da apresentação das propostas e o certame licitatório irá gerar uma ata de registro de preços com validade de até um ano que poderá ensejar inúmeras contratações.

Sendo assim, remanesce o seguinte problema: como se caracteriza a *entrega imediata* em contratações com base em registro de preços? Parece-me haver apenas uma solução: o edital da respectiva licitação deve defini-la como sendo a entrega que ocorre no prazo de 30 dias contados a partir da requisição ou ordem de entrega ao fornecedor que tem o seu preço registrado em ata.

Por fim, a entidade pública pode lançar mão de diferentes instrumentos de contrato hábeis à formalização de uma determinada contratação, por exemplo, termo de contrato, carta-contrato, nota de empenho, autorização de compra, ordem de execução ou fornecimento, etc.

5.3 Publicidade do contrato administrativo

O princípio da publicidade garante a total transparência das ações administrativas, tornando possível a sua ciência, bem como o exercício do controle levado a efeito pelos órgãos competentes e pela própria sociedade.

É um princípio constitucional expresso, previsto no artigo 37 da Carta Magna e consignado não apenas no *caput* do artigo 3º da Lei nº 8.666/93, mas também em vários de seus dispositivos.

A publicidade é a regra; o sigilo, a exceção. Aliás, convém acentuar que os atos sigilosos apenas são admitidos nas estritas e reduzidas hipóteses legais. Em matéria de licitação, é sigiloso apenas o conteúdo das propostas até a abertura dos respectivos envelopes.

Para que a publicidade dos atos administrativos atinja a sua efetiva finalidade, deve ser verdadeira, clara e eficaz, propiciando a todos um concreto e real conhecimento não só das pretensões da Administração Pública, como também das suas ações e decisões.

As aquisições de bens ou as contratações de serviços pelo sistema de registro de preços, após as suas formalizações nos termos propostos no item anterior, não fogem à regra e devem merecer a necessária publicidade de acordo com o que dispõe a disciplina jurídica dos contratos administrativos.

No que diz respeito ao prazo para a publicidade do extrato contratual, é preciso destacar a existência de duas regras distintas, ou melhor, de dois prazos diferentes.

Por força do disposto no parágrafo único do artigo 61 da Lei nº 8.666/93, "A publicação resumida do instrumento de contrato ou de seus aditamentos na imprensa oficial, que é condição indispensável para sua eficácia, será providenciada pela Administração até o quinto dia útil do mês seguinte ao de sua assinatura, para ocorrer no prazo de vinte dias daquela data, qualquer que seja o seu valor, ainda que sem ônus, ressalvado o disposto no art. 26 desta Lei". Assim, se um contrato foi assinado no dia 27 de março, até o 5º dia útil do mês de abril a entidade contratante deverá encaminhar o respectivo extrato para a imprensa oficial e a efetiva publicação deverá ocorrer em, no máximo, 20 dias contados do encaminhamento (da providência administrativa). Essa regra deverá ser observada se a contratação foi precedida de uma das modalidades de licitação da Lei nº 8.666/93.[66]

Por outro lado, se a modalidade adotada para registrar preços foi o pregão, é preciso destacar a existência de disposição regulamentar diversa em matéria de prazo para esta publicidade. Ocorre que o Decreto Federal nº 3.555/00 estabelece em seu artigo 20 que "A União publicará, no Diário Oficial da União, o extrato dos contratos celebrados,

---

[66] Em se tratando de licitação para registro de preços, vale lembrar que, das modalidades elencadas pela Lei nº 8.666/93, apenas a concorrência tem cabimento.

no prazo de até vinte dias da data de sua assinatura, com indicação da modalidade de licitação e de seu número de referência". Inobstante ser mais clara e inteligível, a legalidade desta regra é discutível, pois o decreto em última análise altera a lei. De qualquer forma, se adotado o pregão, cabe o seu cumprimento.

5.3.1 A publicidade como condição de eficácia do contrato

O Decreto Federal nº 7.892/13 é absolutamente silente a propósito da publicidade das contratações efetivadas pelo registro de preços, cabendo, neste caso, a aplicação da Lei nº 8.666/93.

A disciplina do parágrafo único do artigo 61 da Lei de Licitações assim dispõe:

> Art. 61. [...]
> Parágrafo único. A publicação resumida do instrumento de contrato ou de seus aditamentos na imprensa oficial, que é condição indispensável para sua eficácia, será providenciada pela Administração até o quinto dia útil do mês seguinte ao de sua assinatura, para ocorrer no prazo de vinte dias daquela data, qualquer que seja o seu valor, ainda que sem ônus, ressalvado o disposto no art. 26 desta Lei.

É possível subtrair do comando legal acima transcrito algumas conclusões nucleares a respeito da temática da publicidade dos contratos e seus aditamentos.

Primeiramente cabe anotar que o legislador atribuiu tamanha importância à publicidade das contratações, a ponto de qualificá-la como condição de eficácia do instrumento de contrato e/ou aditamento. Em outras palavras, enquanto não ocorrer a publicação do extrato contratual na imprensa oficial, o contrato não está apto a produzir efeitos no mundo jurídico. De acordo com a lição de Diogenes Gasparini,[67] "são eficazes os contratos quando os seus efeitos estão disponíveis para as partes, isto é, quando as partes podem executar suas obrigações e gozar de seus direitos. Rega geral, a eficácia ocorre simultaneamente com a vigência. Algumas vezes aquela é posterior a esta, como acontece com os contratos regidos pela Lei Federal das Licitações e Contratos da Administração [...]. Nessas hipóteses, diz-se que a eficácia está contida ou que o contrato é ineficaz".

---

[67] GASPARINI. *Direito administrativo*, p. 769.

É bom que fique claro que a falta de publicação na imprensa oficial de um contrato válido, sem vícios de legalidade e celebrado em absoluta conformidade com a ordem jurídica, não tem potencialidade suficiente para invalidá-lo, apenas torna-o inapto para produzir qualquer efeito.

A publicidade, assim vista, é condição de eficácia do contrato. Nesses termos, pouco importa se a relação jurídica contratual foi formalizada mediante um termo de contrato (instrumento detalhado que contém uma série de cláusulas estabelecendo direitos e obrigações das partes, forma de pagamento, sanções, etc.), nota de empenho ou qualquer outro instrumento hábil. A publicação do extrato na imprensa oficial é imprescindível, ainda que se refira à contratação pelo sistema de registro de preço.[68]

Imagine-se, outrossim, uma aquisição de pneus no valor de R$70.000,00 realizada com base em ata de registro de preços. Conforme mencionado no tópico anterior, para esta situação o termo de contrato não é obrigatório. Supondo-se que ele tenha sido substituído por uma nota de empenho, ainda assim, impõe-se à entidade contratante a publicação do respectivo extrato contratual.

Tal premissa prende-se ao fato de que, pela dicção do parágrafo único do artigo 61 da Lei nº 8.666/93, o legislador não fez qualquer distinção entre termo de contrato, nota de empenho ou instrumento equivalente. Há apenas uma ressalva contida em sua parte final dispondo sobre contratações com dispensa ou inexigibilidade de licitação que, de acordo com o artigo 26, ensejam a publicação do ato e de suas ratificações e não dos seus extratos contratuais.

5.3.2 Conteúdo do extrato contratual

Por óbvio, a lei determina que se dê publicidade resumida do instrumento de contrato e não do seu inteiro teor. Assim, o extrato contratual a ser publicado deverá conter um mínimo de informações para que a finalidade da lei seja atendida em sua plenitude. Exemplificativamente, enumera-se o seguinte: número do contrato, da nota de empenho ou documento equivalente, nome das partes contratantes, objeto, prazo de vigência, cobertura orçamentária (elemento/atividade), valor e fundamento legal (número da licitação, da ata de registro de preços ou do processo de dispensa/inexigibilidade).

---

[68] Nesse sentido é a Decisão nº 301/1997 do Tribunal de Contas da União, bem como a Súmula nº 30 do Tribunal de Contas do Mato Grosso do Sul.

5.4 Duração do contrato administrativo

Ao tratar da vigência dos contratos decorrentes do sistema de registro de preços, o §2º do artigo 12 do Decreto Federal nº 7.892/13 prescreve regramento no sentido de que, nas relações contratuais originárias de uma ata de registro de preços, seja obedecido o disposto no artigo 57 da Lei nº 8.666/93.

5.4.1 Regra geral e exceções

Pelas disposições consubstanciadas no artigo 57 da Lei de Licitações, a duração dos contratos, como regra geral, fica adstrita à vigência dos respectivos créditos orçamentários (*caput* do artigo 57). Assim, as relações contratuais devem apresentar duração máxima coincidente com a vigência do crédito orçamentário, não podendo, em princípio, ultrapassar o último dia do exercício financeiro (31/12), extinguindo-se nesta ocasião.

Ao lado da destacada regra geral, há exceções que dizem respeito a quatro hipóteses taxativamente prescritas no dispositivo em comento.

A primeira trata dos contratos que contemplem projetos cujos produtos estejam previstos nas metas estabelecidas no Plano Plurianual (inciso I). Contrato nestas condições poderá ter prazo maior que o de vigência do crédito orçamentário, admitindo-se a sua prorrogação na hipótese de haver interesse da Administração e desde que tenha sido prevista esta possibilidade no ato convocatório.

A segunda exceção trata dos contratos de prestação de serviços de natureza contínua (inciso II), que poderão ser prorrogados por iguais e sucessivos períodos, desde que se demonstre a vantajosidade para a Administração, limitada sua duração a sessenta meses.

Como terceira exceção, a lei possibilita que os contratos cujo objeto seja locação de equipamentos e a utilização de programas de informática estendam-se pelo prazo de até quarenta e oito meses após o início da vigência.

A quarta e última exceção foi introduzida no ordenamento jurídico por meio da Lei nº 12.349/2010 e diz respeito às hipóteses previstas nos incisos IX, XIX, XXVIII e XXXI do art. 24,[69] cujos contratos

---

[69] "Art. 24. É dispensável a licitação: IX - quando houver possibilidade de comprometimento da segurança nacional, nos casos estabelecidos em decreto do Presidente da República, ouvido o Conselho de Defesa Nacional; XIX - para as compras de material de uso pelas Forças Armadas, com exceção de materiais de uso pessoal e administrativo, quando houver ne-

poderão ter vigência por até 120 (cento e vinte) meses, caso haja interesse da Administração.

Em virtude da disposição regulamentar contida no Decreto Federal nº 7.892/13 (§2º do artigo 12), os prazos de duração dos contratos decorrentes do sistema de registro de preços deverão obedecer ao panorama legal acima desenhado.

Assim, por exemplo, suponha-se a contratação de fornecimento de combustível pelo registro de preços. Contrato desta natureza, em tese, deverá apresentar duração máxima até 31/12, em virtude de o seu objeto não se enquadrar em nenhuma das exceções consignadas nos incisos do artigo 57 da Lei nº 8.666/93.

Por outro lado, imagine-se a contratação pelo registro de preços de um serviço de manutenção de viaturas da polícia civil e militar. Em razão da natureza contínua deste objeto, tal contrato poderá ser prorrogado por iguais e sucessivos períodos, desde que demonstrada a vantajosidade para a Administração Pública, limitada a sua duração a sessenta meses (artigo 57, inciso II da Lei nº 8.666/93).

Conclui-se, portanto, que os contratos firmados por meio do registro de preços devem ser dimensionados em termos de prazo, levando-se em conta a necessária subsunção do objeto contratual a uma das hipóteses previstas no artigo 57 da Lei de Licitações.[70]

5.5 Alterações do contrato administrativo e seus limites

Celebrado o contrato e obedecidas as formalidades próprias do seu regime jurídico, este se torna lei perante as partes, devendo ser executado fielmente de acordo com as cláusulas e condições avençadas, respondendo cada uma pelas consequências da inexecução total ou parcial.

A premissa acima fixada deixa transparecer que o contrato é imutável. Todavia, em determinadas situações e sob algumas condições,

---

cessidade de manter a padronização requerida pela estrutura de apoio logístico dos meios navais, aéreos e terrestres, mediante parecer de comissão instituída por decreto; XXVIII - para o fornecimento de bens e serviços, produzidos ou prestados no País, que envolvam, cumulativamente, alta complexidade tecnológica e defesa nacional, mediante parecer de comissão especialmente designada pela autoridade máxima do órgão; XXXI - nas contratações visando ao cumprimento do disposto nos arts. 3º, 4º, 5º e 20 da Lei nº 10.973, de 02 de dezembro de 2004, observados os princípios gerais de contratação dela constantes".

[70] Nesse sentido é a decisão do Tribunal Regional Federal da 1ª Região: TRF/1ª Região. [...] "5 - Os contratos firmados com base na ata de registro de preços seguem as disposições e os prazos previstos no artigo 57 da Lei nº 8.666/93, inclusive em relação à possibilidade de prorrogação" (TRF, 1ª Região. AG nº 2009.01.00.029627-9. Rel. Des. Federal Selene Maria de Almeida. Julgado em: 18.11.2009).

tem-se como certa a possibilidade de ocorrerem alterações, desde que respeitadas as regras e limites impostos pela Lei de Licitações.

A Lei nº 8.666/93 dispensa às alterações dos contratos um tratamento jurídico específico consignado em seu artigo 65. A propósito dessa temática, remeto o leitor ao Capítulo 3, tópico nº 3.5 deste trabalho, em que o Prof. Joel de Menezes Niebuhr detalha com extrema clareza e didática as quatro espécies de alterações, cabendo apenas o registro do meu integral endosso às considerações naquele ponto expendidas.

O Decreto Federal nº 7.892/13 limitou-se a remeter esta matéria para a disposição da Lei de Licitações acima citada, estabelecendo no §3º do artigo 12 que "os contratos decorrentes do Sistema de Registro de Preços poderão ser alterados, observado o disposto no art. 65 da Lei nº 8.666, de 1993".

A título de complementação, resta deixar assentado que as alterações contratuais unilaterais, consensuais, qualitativas ou quantitativas somente poderão ser levadas a efeito validamente se observados alguns requisitos legais, os quais serão objeto de análise no tópico seguinte.

5.5.1 Requisitos legais para as alterações

Em determinadas situações, faz-se necessária e imprescindível a oitiva da área técnica ou até mesmo do setor requisitante da entidade contratante, ocasião em que estas unidades se manifestarão sobre, por exemplo, uma alteração quantitativa ou qualitativa do objeto contratado.

Não é possível olvidar que, além de uma provocação interna para se alterar o contrato desta ou daquela forma, é devida uma justificativa. Ocorre que, em razão do princípio da motivação, nasce para o agente público a obrigação de expor, prévia ou contemporaneamente a qualquer ação, as situações fáticas e jurídicas que lhe dão sustentação.

Referido comando encontra-se encartado na Constituição Federal de 1988. Trata-se de princípio geral do Direito Administrativo a que a Lei nº 8.666/93 dá especial relevo ao exigir reiteradamente que as decisões sejam acompanhadas de exposição de motivos que as justifiquem.

Assim, pelo *caput* do artigo 65 da Lei nº 8.666/93, a autoridade competente deverá declinar os necessários fatos e fundamentos jurídicos para a modificação pretendida. Regra geral, os fatos que dão ensejo à alteração contratual devem ser supervenientes à celebração do contrato.[71]

---

[71] Exceção feita à hipótese de alteração do contrato visando ao seu reequilíbrio econômico-financeiro em virtude de fato previsível, mas de resultados incertos.

Em outras palavras, as circunstâncias fáticas apontadas devem ter ocorrido no mundo fenomênico em momento posterior à contratação.

Outra providência imprescindível diz respeito à questão orçamentária. Na maioria das vezes em que se altera qualitativa ou quantitativamente o objeto do contrato, há um reflexo direto no seu valor, implicando, quase sempre, na sua majoração. Dessa maneira, a verificação da existência de dotação orçamentária com saldo suficiente para fazer frente à pretensão modificativa torna-se, portanto, obrigatória.

Devidamente autorizada por quem detenha a competência legal, a alteração do contrato não pode prescindir de uma adequada formalização.

A prescrição do §8º do artigo 65 da Lei nº 8.666/93 é de clareza solar ao dispor que as variações do valor do contrato decorrentes de reajuste de preços, atualizações, compensações ou penalizações financeiras e o empenho de dotações suplementares não caracterizam alteração contratual, podendo ser materializadas por simples apostila, dispensando a celebração de aditamento.

Por um critério excludente ou negativista, como as alterações contratuais unilaterais, consensuais, qualitativas ou quantitativas não constam expressamente do dispositivo acima citado, as suas efetivações implicam em formalização mediante termo aditivo. Dessa forma, caberá, ainda, a elaboração da minuta do respectivo termo aditivo, que deverá ser analisada e previamente aprovada pela assessoria jurídica da Administração Pública, conforme determina o parágrafo único do artigo 38 da Lei nº 8.666/93.

Após aprovação da minuta do termo aditivo pela assessoria jurídica com a aposição das respectivas assinaturas, para que a alteração contratual havida adquira eficácia, ou seja, produza efeitos no mundo jurídico, deve ocorrer a publicação do seu extrato na imprensa oficial, consoante o parágrafo único do artigo 61 da Lei nº 8.666/93 e artigo 20 do Decreto nº 3.555/00.

Observados os requisitos antes mencionados, bem como as cautelas e restrições constantes no Capítulo 3, tópico 3.5 deste trabalho, vazadas pelo Prof. Joel de Menezes Niebuhr, os contratos administrativos decorrentes de registro de preços podem ser alterados.

5.6 Aplicação de sanção administrativa em decorrência da recusa do fornecedor em assinar o contrato administrativo

Ultimado o certame licitatório para registro de preços, a respectiva ata é assinada pelos fornecedores que lograram êxito na competição devendo ser dada a necessária publicidade, de acordo com o parágrafo único do artigo 61 da Lei nº 8.666/93, tornando-se assim documento vinculativo, obrigacional, com características de compromisso para futura contratação.

Neste momento, portanto, consolida-se uma relação entre o órgão gerenciador da ata de registro de preços, órgãos participantes e os fornecedores que obtiveram o registro dos seus preços e assinaram o referido instrumento.

Consoante evidenciado em passagens anteriores, a ata de registro de preços poderá dar origem a inúmeros contratos que se formalizarão de acordo com cada caso concreto e na medida do surgimento das demandas.

Assim, constatada certa necessidade cujo preço daquele objeto (bem ou serviço) esteja devidamente registrado, cabe ao órgão gerenciador ou ao órgão participante[72] convocar o fornecedor para, no prazo fixado em ata, assinar o contrato ou retirar o instrumento equivalente.

Uma vez convocado regularmente,[73] a recusa injustificada do fornecedor em assinar o contrato ou retirar o instrumento equivalente caracteriza, no meu modo de ver, o inadimplemento total das obrigações assumidas. Essa reprovável conduta com o efeito aqui defendido, embora não prevista no regulamento federal, encontra lugar certo no *caput* do artigo 81 da Lei nº 8.666/93.[74] Assim, ocorrida a situação ora delineada, cabe ao órgão interessado tomar prontas providências que, a seguir, serão identificadas.

---

[72] Vale lembrar que, conforme dispõe o artigo 15 do Decreto Federal nº 7.892/13, a contratação com fornecedores registrados será formalizada pelo órgão interessado (gerenciador ou participante). Em que pese essa regra, entendo que, uma vez contratado o objeto por órgão participante, é devida uma imediata comunicação desse fato ao órgão gerenciador, pois, pelas disposições regulamentares (artigo 15 e incisos), não se pode olvidar que cabe a este órgão o gerenciamento e controle total da ata de registro de preços.

[73] Entendo que a convocação é regular quando realizada nos termos da ata de registro de preços e com a observância de alguns requisitos, por exemplo: intimação do fornecedor por um meio válido e na vigência da ata de registro de preços.

[74] "Art. 81. A recusa injustificada do adjudicatário em assinar o contrato, aceitar ou retirar o instrumento equivalente, dentro do prazo estabelecido pela Administração, caracteriza o descumprimento total da obrigação assumida, sujeitando-o às penalidades legalmente estabelecidas".

5.6.1 Providências a serem tomadas

Consoante afirmado, nos termos do artigo 15 do Decreto Federal nº 7.892/13, a contratação com os fornecedores registrados será formalizada pelo órgão interessado (gerenciador ou participante).

Havendo a recusa injustificada do fornecedor em assinar o contrato ou retirar o instrumento equivalente, estará ele sujeito às sanções que o edital da licitação e a própria ata de registro de preços devem ter previsto.[75]

A ocorrência de fato dessa natureza implica comunicação formal e imediata à autoridade superior do órgão interessado na contratação. Em outras palavras, faz-se necessária a expedição de um comunicado escrito apontando, detalhadamente, todas as circunstâncias havidas naquele caso, a sanção que poderá ser aplicada e as providências necessárias para tal desiderato.

Frise-se, no sistema de registro de preços, não obstante a inexistência, no processo licitatório do ato de adjudicação do objeto ao vencedor, havendo recusa injustificada do fornecedor em assinar o contrato ou retirar o instrumento equivalente no prazo fixado pela entidade contratante, resta caracterizado o descumprimento das obrigações por ele assumidas, sujeitando-o às penalidades que devem ter sido previamente definidas.

O regime das sanções administrativas impõe, necessariamente, a observância de certos princípios jurídicos, notadamente o do devido processo legal e, por corolário, do contraditório e da ampla defesa.

De fato, a aplicação de qualquer uma das sanções previstas no arcabouço normativo das licitações e contratos somente poderá ocorrer mediante a instauração de um processo administrativo em que se assegure o contraditório e a ampla defesa, conforme preceitua expressamente o *caput* do artigo 87 da Lei nº 8.666/93. De igual forma, a mesma determinação encontra lugar no inciso LV do artigo 5º da Constituição Federal, assim disposto:

> Art. 5º [...] LV - aos litigantes, em processo judicial ou administrativo, e aos acusados em geral são assegurados o contraditório e ampla defesa, com os meios e recursos a ela inerentes;

---

[75] Aplicar sanção não é faculdade, é um dever. Nesse sentido é a decisão do Tribunal de Contas da União: "Contratos", *DOU*, 31 jul. 2012, S. 1, p. 90). "Ementa: impropriedades, no âmbito do [...], caracterizadas pela: [...] b) não aplicação das penalidades previstas em contrato em todas as situações em que se verificou descumprimento de cláusulas acordadas" (Acórdão nº 4.262/2012 – 1ª Câmara).

Trata-se, em verdade, de se prestar obediência ao princípio constitucional do contraditório e da ampla defesa que apenas se materializa por meio do devido processo legal.

Ademais, instaurado o referido processo administrativo punitivo, cumpre ao órgão interessado na contratação instruí-lo adequadamente, devendo, para tanto, confirmar e ter plena convicção da infração e de sua autoria, apurar fatos (quando necessário), intimar formalmente o fornecedor, facultar vistas dos autos, possibilitar a produção de provas, a oitiva de testemunhas, enfim, tomar toda e qualquer providência visando assegurar a lisura e a legalidade dos procedimentos a serem adotados.

Interpretando o Decreto Federal nº 7.892/13, notadamente o inciso X do artigo 5º e o parágrafo único do artigo 6º, depreende-se que a competência para aplicar a sanção ao fornecedor em face da recusa em contratar é do órgão interessado na contratação (gerenciador ou participante), pois, a bem da verdade, trata-se do descumprimento das obrigações constantes da ata de registro de preços. Todavia, se ao cabo do processo administrativo punitivo a sanção for aplicada por órgão participante, será devida uma comunicação deste fato ao órgão gerenciador, pois compete a ele o gerenciamento e controle da ata e, por conseguinte, da vida pregressa dos fornecedores registrados.

5.6.2 Consequências da recusa do fornecedor

Além das sanções tradicionais previstas na disciplina jurídica das licitações (advertência, multa, impedimento de licitar e contratar, descadastramento e declaração de inidoneidade), se o fornecedor, sem justificativa, descumprir as condições da ata ou se recusar a formalizar a contratação, estará sujeito também ao cancelamento do seu registro no sistema (artigo 20, incisos I e II do Decreto Federal nº 7.892/13), o que não deixa de ser uma espécie de sanção.

Com o intuito de evitar repetições, para maiores detalhes acerca desta consequência (cancelamento do registro), remetemos o leitor para o Capítulo 3 deste trabalho, pois o Prof. Joel de Menezes Niebuhr, naquela passagem, analisou a temática com muita precisão, só restando a este subscritor endossar as suas palavras.

Cabe, apenas, duas considerações finais. A primeira delas, para que o registro possa ser cancelado validamente, é imprescindível que se assegure o contraditório e a ampla defesa por meio do devido processo legal, nos moldes alinhavados no tópico antecedente. A segunda, por força do que dispõe o parágrafo único do artigo 20 do Decreto

Federal nº 7.892/13, o cancelamento, em face da recusa do fornecedor em contratar, deve ser formalizado por despacho fundamentado do órgão gerenciador.

5.7 Aplicação de sanção administrativa em decorrência da inexecução do contrato administrativo

A questão da aplicação de sanções administrativas em sede de registro de preços deve ser analisada levando-se em consideração o momento do inadimplemento do fornecedor.

Explico. Em um primeiro momento, é possível constatar um comportamento reprovável do fornecedor em relação às disposições contidas na ata de registro de preços, ou seja, o inadimplemento se dá em relação à ata e ocorre em momento anterior à formalização da sua efetiva contratação. Há, dessa forma, uma violação direta e imediata das obrigações a ele impostas pela ata de registro de preços, implicando, assim, a hipótese tratada no item anterior com as consequências ali consignadas.

Por outro lado, o fornecedor poderá inadimplir depois de formalizada a respectiva contratação, o que acarreta violação direta e imediata do contrato (termo contratual ou documento equivalente) e indireta e mediata da ata de registro de preços.

Nessa situação, cabe ao gestor/fiscal do contrato comunicar formalmente os fatos ocorridos à autoridade superior, apontando detalhadamente as obrigações descumpridas, as cláusulas contratuais violadas e as sanções a que se sujeita o fornecedor com aquela conduta. Essa autoridade superior, em face de todos esses elementos, determinará a abertura de processo administrativo punitivo, que deverá ser instruído e processado adequadamente, a fim de que se assegurem os necessários contraditório e ampla defesa.

Ultimado o processo administrativo punitivo, a competência para a efetiva aplicação da correspondente sanção é do órgão contratante. Se tal sanção for aplicada por órgão participante, o órgão gerenciador do sistema de registro de preços deverá tomar ciência dos fatos por meio de comunicação a ser enviada pela autoridade sancionadora.

CAPÍTULO 6

REGISTRO DE PREÇOS NAS ENTIDADES DO SISTEMA "S"

EDGAR GUIMARÃES

6.1 Questões introdutórias

6.1.1 Natureza jurídica das entidades do Sistema "S"

Conforme artigo subscrito por este autor,[76] as entidades integrantes do denominado Sistema "S" (SESC, SENAI, SESI, SENAC, SEBRAE, etc.) são caracterizadas como Serviços Sociais Autônomos,[77] não integrantes da estrutura organizacional da Administração Pública brasileira não se submetendo, portanto, aos rigores da disciplina jurídica das licitações constantes da legislação federal.

A bem da verdade, essas entidades são pessoas jurídicas de direito privado, sem fins lucrativos que, em razão de gerirem recursos

---

[76] GUIMARÃES. A disciplina jurídica do pregão no âmbito das entidades do Sistema "S": breves anotações. *Revista JML de Licitações e Contratos*, p. 3-9.

[77] De acordo com a lição de Hely Lopes Meirelles, "Serviços Sociais Autônomos são todos aqueles instituídos por lei, com personalidade de Direito Privado, para ministrar assistência ou ensino a certas categorias sociais ou grupos profissionais, sem fins lucrativos, mantidos por dotações orçamentárias ou por contribuições parafiscais. São entes paraestatais, de cooperação com o Poder Público, com administração e patrimônios próprios [...]. Embora oficializadas pelo Estado, não integram a Administração direta nem a indireta, mas trabalham ao lado do Estado, sob seu amparo, cooperando nos setores, atividades e serviços que lhes são atribuídos, por serem considerados de interesse específico de determinados beneficiários" (*Direito administrativo brasileiro*, p. 346).

provenientes de contribuições parafiscais e possuírem alguns privilégios próprios das pessoas jurídicas de direito público, não têm ampla liberdade para contratar bens e serviços, devendo, para tanto, instaurar processo prévio denominado licitação, como forma de prestigiar os princípios constitucionais da moralidade, impessoalidade e isonomia, entre outros.

6.1.2 Regime jurídico das licitações e contratos

Embora estejam obrigadas a licitar, sustentamos que não se submetem aos rigores da ordem jurídica regedora da matéria aplicada às entidades da Administração Pública, mas a regulamentos próprios, devidamente publicados, consoante manifestação do Tribunal de Contas da União vazada na Decisão nº 907/1997.[78]

Seguindo essa linha contextual, em meados de 2006, os Conselhos Nacionais destas entidades baixaram atos aprovando Regulamentos de Licitações e Contratos, definindo a disciplina jurídica a ser observada nos certames licitatórios e contratações realizadas nesse ambiente.

Tais regulamentos não esgotam a matéria, sendo possível encontrar algumas lacunas, espaços em branco que deverão ser colmatados com os princípios jurídicos aplicáveis ao caso concreto e não com a adoção obrigatória da Lei nº 8.666/93, como querem alguns integrantes de órgãos de controle externo. A aplicação subsidiária da Lei nº 8.666/93 aos procedimentos licitatórios instaurados por entidades do Sistema "S" é, portanto, absolutamente facultativa, tendo em vista a inexistência de norma jurídica que obrigue tais entidades a ela se submeterem.

Após essas considerações sobre a disciplina jurídica das licitações e contratos no ambiente do Sistema "S", neste capítulo serão dispensados comentários a propósito do registro de preços consoante os artigos do regulamento de tais entidades. Para tanto, a fim de que não se incorra em repetições, já que as disposições regulamentares guardam certa similitude com Lei nº 8.666/93 e com o Decreto Federal nº 7.892/13, destacaremos apenas os tópicos mais relevantes e peculiares, não existindo, por óbvio, qualquer pretensão de esgotar a matéria.

---

[78] Nesse sentido, assim decidiu o Tribunal de Contas da União: "A exigência de que o Estatuto das Licitações e Contratos seja observado por entidades do Sistema 'S' pode ser justificada em duas hipóteses: ausência de regra específica no regulamento próprio da entidade ou dispositivo, do mesmo regulamento, que contrarie os princípios gerais da Administração Pública e os específicos relativos às licitações e os contratos que norteiam a execução da despesa pública" (Acórdão 3454/2007 – Primeira Câmara).

Estes registros são imprescindíveis para a delimitação do tema, uma vez que a análise recairá apenas sobre alguns pontos, devendo ser assentado que todo este estudo terá como referência o regulamento das licitações e contratos vigente no âmbito do Sistema "S".

6.2 Modalidades de licitação

De acordo com as disposições regulamentares do Sistema "S", constata-se a existência de cinco modalidades licitatórias: concorrência, convite, concurso, leilão e pregão.

Em que pese tal constatação, o artigo 33[79] estabelece de forma impositiva que o registro de preços deverá ser precedido de licitação na modalidade concorrência ou pregão.

Pela literalidade desta disposição regulamentar, o aplicador da regra poderia concluir que a opção por uma ou outra modalidade de licitação estaria inserida no campo da discricionariedade. Em outras palavras, seria possível optar livremente por qualquer uma delas. Ledo engano! Adiante, será demonstrado que, em razão de algumas especificidades, não existe ampla liberdade de escolha da modalidade a ser empregada na competição licitatória para registrar preços.

6.2.1 Concorrência

De acordo com o inciso I do artigo 5º, a concorrência é modalidade de licitação em que se admite a participação de qualquer interessado que, na fase de habilitação, comprove possuir os requisitos mínimos de qualificação exigidos no instrumento convocatório para a execução de seu objeto.

Como visto, trata-se de certame que possibilita a ampla participação, inexistindo qualquer vedação regulamentar quanto a sua utilização. Por ser considerada, entre todas as modalidades, a mais ampla (no que se refere à participação) e complexa (em razão das exigências editalícias), ela poderá inclusive ser adotada em substituição ao pregão e ao convite.

---

[79] Desde logo cabe advertir que o número dos artigos citados neste Capítulo pode não coincidir com certos Regulamentos, em razão de pequenas diferenças existentes no disciplinamento da matéria nas diversas entidades do Sistema "S".

6.2.2 Pregão

O pregão, por sua vez, é modalidade de licitação entre quaisquer interessados para aquisição de bens e serviços, que independe do valor licitado, podendo ser presencial ou eletrônico, vedada a sua utilização para contratação de obras e serviços de engenharia (artigo 5º, inciso V).

Cabe assinalar que não há no regulamento qualquer imposição no sentido de utilizar o pregão apenas para licitações que contemplem objetos de natureza comum. Embora inexista essa determinação, pelas características, estrutura procedimental, celeridade e singeleza, tudo recomenda que esta modalidade seja utilizada para licitar objetos despidos de maiores complexidades que não demandem uma análise mais detida e aprofundada dos eventuais licitantes.

A propósito, vale anotar a seguinte decisão do Tribunal de Contas da União:

> PREGÃO. DOU de 17.05.2011, S. 1, ps. 178 e 179. Ementa: determinação ao Conselho Nacional do S... para que promova a adequação do seu regulamento de licitações e contratos, de forma a tornar obrigatória, sempre que possível, a utilização da modalidade de pregão para a aquisição de bens e serviços comuns, assim considerados aqueles cujos padrões de desempenho e de qualidade possam ser objetivamente definidos pelo edital, por meio de especificações usuais no mercado, podendo, todavia, adotar outra modalidade, mas, neste caso, desde que a escolha seja devidamente justificada (item 1.10, TC-028.450/2010-8, Acórdão nº 2.841/2011 – 1ª Câmara).

De qualquer forma, se a entidade pretende instaurar certame licitatório para registrar preços, poderá ela lançar mão da modalidade concorrência ou pregão. Todavia, em virtude da vedação regulamentar, o pregão não pode ser utilizado para registrar preços de obras ou serviços de engenharia.[80] Eis aqui um primeiro fundamento para sustentar que a liberdade de escolha da modalidade de licitação para registrar preços é restrita.

No que toca ao cabimento do registro de preços, nos termos do Regulamento das Entidades do Sistema "S", ele poderá ser utilizado nas seguintes hipóteses:

---

[80] A propósito da possibilidade de instituir sistema de registro de preços para obras ou serviços de engenharia, recomenda-se a leitura do item 1.4.1 do Capítulo 1, da lavra do Prof. Joel de Menezes Niebuhr.

Art. 33. O registro de preço, sempre precedido de concorrência ou de pregão, poderá ser utilizado nas seguintes hipóteses:

I - quando for mais conveniente que a aquisição demande entrega ou fornecimento parcelado;

II - quando, pelas características do bem ou do serviço, houver necessidade de aquisições freqüentes;

III - quando não for possível estabelecer, previamente, o quantitativo exato para o atendimento das necessidades;

É possível depreender e afirmar que a regra constante do dispositivo acima transcrito é aberta, em outras palavras, os incisos deste artigo dizem respeito a situações meramente exemplificativas e não taxativas.

Nesse contexto, endosso as palavras do Prof. Joel de Menezes Niebuhr ao defender que "o uso do registro de preços deve ser ampliado, estendendo-o para todos os objetos que se harmonizem a sua sistemática. É permitido utilizar o registro de preços sempre que o objeto que se pretende licitar e contratar seja viável, não importa se compra, serviço ou o que seja. Cabe o registro de preços para tudo o que for padronizado, que apresentar as mesmas especificações, variando apenas a quantidade".[81]

A tese ora assentada encontra alicerce não só nos princípios jurídicos que devem pautar as ações das Entidades do Sistema "S", mas, sobretudo, nas vantagens que a adoção deste sistema propicia. A título exemplificativo, é possível apontar as seguintes: agilidade nas aquisições/contratações; redução do número de licitações; redução de custos; inexistência de grandes estoques; inexistência de desembolso financeiro para formação de estoques; desnecessidade de espaços físicos para estocagem; redução de perdas com produtos perecíveis; redução de operacionais e otimização das contratações; economia de escala e eliminação do fracionamento ilegal da despesa.

6.3 Julgamento das propostas

É necessário deixar assinalado que, pelo princípio do julgamento objetivo constante no *caput* do artigo 2º do Regulamento das Entidades do Sistema "S", afasta-se, desde logo, qualquer fator ou condição que possa representar para a comissão julgadora escolhas, impressões ou preferências de ordem pessoal.

---

[81] Capítulo 1, item 1.4.

Com efeito, julgamento *objetivo* é aquele fundado em parâmetros e critérios concretos, exatos, precisos e previamente explicitados no ato convocatório, ao passo que *subjetivo* é aquele que se norteia por critérios particularizados, válidos para um só sujeito e que só a ele pertence, pois integram o domínio de sua atividade psíquica, sentimental, emocional ou volitiva.

Assim, por óbvio, o julgamento de qualquer licitação, seja ela para registrar preços ou não, deve ser pautado na objetividade. Qualquer entendimento em contrário, por certo, ignora os mais elementares princípios sobre a matéria, constituindo-se mera roupagem de legalidade para um certame licitatório fraudulento.

6.3.1 Órgão julgador: espécies, composição e atribuições

O processamento e julgamento de licitações para registro de preços é de competência do órgão julgador. A comissão de licitação é órgão julgador colegiado e autônomo que toma decisões de grande importância no âmbito dos procedimentos licitatórios. Consiste num "grupo de pessoas, solenemente constituído, responsável pela condução de um certo negócio, cujo funcionamento, quase sempre, está previamente regulado".[82]

A comissão de licitação será composta, no mínimo, por 3 (três) membros, designados dentre os empregados da entidade, podendo apresentar número maior, mas não inferior a três. São duas as suas espécies: permanente ou especial.[83] A comissão permanente é criada para dirigir e julgar as licitações durante um período certo e determinado que se denomina mandato.[84] Já a comissão especial é constituída quando o objeto a ser licitado exigir um conhecimento técnico específico dos seus integrantes e estará automaticamente dissolvida, extinta, quando do cumprimento total das finalidades que motivaram a sua criação.

As atribuições das comissões de licitações são determinadas em razão da finalidade para a qual foram instituídas. Desse modo, é-lhes conferida a atribuição principal de dirigir e julgar as competições

---

[82] GASPARINI. *Comissões de licitação*, p. 3.
[83] Art. 4º, inciso IV do Regulamento das Entidades do Sistema "S".
[84] Embora o Regulamento das Entidades do Sistema "S" não estabeleça prazo máximo para o mandato da comissão permanente, é de todo recomendável que o ato que a constitui fixe um período razoável e que ocorra, ao menos de tempos em tempos, uma renovação ainda que parcial dos seus membros.

licitatórias, além da prática de todos os atos necessários para o bom andamento do certame, como prestar esclarecimentos aos licitantes, receber, examinar e julgar todos os documentos e procedimentos relativos às licitações, instruir o processo com todos os documentos necessários, realizar diligências para esclarecimento de dúvidas, decidir recursos em primeira instância administrativa, encaminhar o processo à autoridade superior após o esgotamento de suas funções.

Todavia, em sede de pregão, a situação é um pouco diversa. Consoante a dicção dos artigos 20 e 21 do Regulamento das Entidades do Sistema "S", o processamento da fase externa desta modalidade licitatória fica sob a responsabilidade exclusiva de um empregado da entidade que se denomina pregoeiro, formalmente designado para essa função e que necessariamente deve integrar a comissão de licitação, se já não for um de seus membros.

Assim, a condução dos atos a serem praticados nessa etapa é de responsabilidade do pregoeiro, porém as decisões continuam sendo do colegiado, ou seja, da comissão de licitação por ele integrada.

O efetivo julgamento das propostas em qualquer certame licitatório, seja apenas para registrar preços ou não, é realizado pelo órgão julgador, que deverá avaliar e classificar as propostas levando em consideração o tipo da licitação e todos os elementos norteadores a ele inerentes, tudo de acordo com as regras e exigências previamente definidas no edital.

6.3.2 Tipos de licitação e suas aplicações

O Regulamento das Entidades do Sistema "S", em seu artigo 8º, estabelece que constituem *tipos de licitação*, exceto para a modalidade *concurso*, os seguintes: *menor preço, técnica e preço* e *maior lance ou oferta*.

Do referido dispositivo é possível subtrair que os tipos ali indicados somente poderão ser aplicados a situações especificadas pelo próprio regulamento. Assim, (i) o tipo *técnica e preço* será utilizado preferencialmente para contratações de natureza intelectual ou nas quais o fator preço não seja relevante, devendo, nesta última hipótese, haver uma justificativa técnica; (ii) *maior lance ou oferta* é o tipo a ser empregado nas licitações que objetivem a alienação de bens; e, por exclusão, (iii) o *menor preço* tem lugar em todas as licitações que apresentem objetos que não se subsumam a nenhuma das hipóteses anteriores, sendo o único admitido para licitações na modalidade pregão.

6.3.3 Os possíveis tipos nas licitações para registro de preços

No caso específico do registro de preços, as regras regulamentares dispõem apenas sobre as duas modalidades de licitação possíveis de serem adotadas: concorrência e pregão. Comumente a licitação para registrar preços apresenta o tipo *menor preço*, porém é possível, em situações especiais, vislumbrar a adoção de outro tipo.

Explicando melhor. Se o certame for instaurado na modalidade pregão, o tipo somente poderá ser o *menor preço*. Todavia, não há óbice algum à entidade registrar preço de um serviço de natureza intelectual, frequentemente contratado ou de objeto cujas características/especificidades técnicas sejam preponderantes ao preço, hipóteses em que o tipo *técnica e preço* deverá ser utilizado.

Aqui está outro argumento para sustentar que não existe ampla liberdade de escolha da modalidade de licitação para registrar preços. Trocando em miúdos, se houver a pretensão de registrar preços para um serviço de natureza intelectual ou de objeto com características técnicas que preponderem em relação ao preço, o tipo da licitação deverá ser *técnica e preço*, afastando, por completo, a utilização do pregão, pois para esta modalidade o §3º do artigo 8º do Regulamento das Entidades do Sistema "S" só admite o *menor preço*.

6.3.4 Inversão das fases da licitação

A propósito do processamento e julgamento das propostas, outra peculiaridade do Regulamento das Entidades do Sistema "S" trata da possibilidade de inversão das fases em qualquer licitação. O seu artigo 16 faculta à comissão de licitação, desde que previsto no instrumento convocatório, inverter o procedimento, abrindo primeiramente as propostas, classificando os proponentes para, posteriormente, abrir o envelope de habilitação do licitante classificado em primeiro lugar.

Em termos práticos, dita inversão, que também pode ser aplicada à licitação para registro de preços, tem apresentado bons resultados, pois abrevia as discussões acerca da habilitação dos licitantes, em virtude de que apenas os documentos do primeiro classificado na disputa serão analisados.

6.4 Publicidade do edital

As regras regulamentares não se distanciaram, e nem poderiam, dos princípios jurídicos que, de forma inafastável, incidem em qualquer certame licitatório. Assim, o artigo 2º dispõe que a licitação será processada e julgada em estrita conformidade com os princípios básicos da legalidade, da impessoalidade, da moralidade, da igualdade, da publicidade, da probidade, da vinculação ao instrumento convocatório, do julgamento objetivo e de outros que lhe são correlatos.

No tocante aos comentários de ordem geral sobre o princípio da publicidade nas licitações, remeto o leitor ao item 2.10 do Capítulo 2.

6.4.1 Regras a serem observadas

Focando as nossas atenções nas entidades do Sistema "S", e especificamente no registro de preços, a publicidade da licitação é realizada de acordo com normas que devem ser observadas neste ambiente (artigo 5º, §1º).

Dessa forma, os avisos contendo os resumos dos instrumentos convocatórios para registro de preços deverão ser publicados em jornal diário de grande circulação local e/ou nacional ou na imprensa oficial da União com antecedência mínima de 15 (quinze) dias para a concorrência e 8 (oito) dias para o pregão, ficando a critério da entidade estender esses prazos quando a complexidade do objeto assim exigir.

Nada obsta, aliás, tudo recomenda que, como medida salutar visando à ampliação da publicidade, a entidade possa se valer de outros meios de divulgação, desde que, por óbvio, respeite a forma e a intensidade mínima determinadas pelo regulamento.

6.5 Registro de vários fornecedores para um mesmo objeto

Face ao que dispõe o Regulamento das Entidades do Sistema "S", é possível ocorrer o registro de vários fornecedores para um mesmo objeto pretendido pela entidade, desde que observadas certas condições que adiante serão destacadas.

6.5.1 Condições para implementação

O dispositivo regulamentar que autoriza a prática sob análise, encontra-se assim disposto:

> Art. 37. É permitido que outros licitantes também venham a praticar o preço registrado, desde que essa permissão e suas respectivas condições constem no instrumento convocatório e que assinem o respectivo instrumento previsto no art. 35.

A possibilidade aqui tratada fica adstrita à observância de determinadas condições. Primeiramente, para que se materialize, a previsão editalícia é requisito inafastável, ou seja, o instrumento convocatório estabelecerá, de forma clara e objetiva, as condições necessárias para sua implementação. Essa hipótese, frise-se, somente tem lugar nas licitações para registro de preços.

Ademais, apenas os fornecedores que participaram da licitação é que poderão integrar o registro, sendo necessário, ainda, que o preço de todos seja igual ao do primeiro classificado no certame.

A este propósito, cabe transcrever as palavras de Julieta Mendes Lopes Vareschini, assim encontradas:[85]

> Essa situação se justifica para as hipóteses em que o licitante classificado em primeiro lugar não tenha condições de fornecer toda a quantidade demandada na licitação. Assim, para que a entidade possa suprir sua necessidade de forma satisfatória, cogita-se a possibilidade de registro de outros fornecedores, nos termos especificados no edital.

Por derradeiro, é importante advertir que, havendo o registro de vários fornecedores para um mesmo objeto, torna-se imprescindível que o instrumento convocatório estabeleça critérios isonômicos de rotatividade/alternatividade para as futuras contratações que poderão advir.

6.6 Homologação da licitação e providências subsequentes

Apenas a título de lembrança, o julgamento das licitações, tanto na modalidade concorrência quanto pregão, é realizado pela comissão de licitação. Esse panorama não se altera, ainda que se trate de certame para registro de preços.

Sendo assim, nos termos regulamentares, ultimado o julgamento da licitação para registro de preços, o processo deve ser encaminhado à autoridade que detenha competência para homologá-lo.

Inobstante o inciso IV do artigo 14 determinar que deva haver a homologação do resultado e a adjudicação do objeto ao licitante vencedor, em se tratando de licitação para registrar preços, esta regra sofre temperamentos, conforme adiante explicado.

---

[85] VARESCHINI. *Licitações e contratos no Sistema S*, p. 432-433.

6.6.1 Adjudicação em licitações para registro de preços

O Regulamento das Entidades do Sistema "S" trata tão somente da figura da homologação da licitação para registro de preços, silenciando quanto ao ato de adjudicação do objeto ao vencedor. Conforme consta do seu artigo 35, homologado o procedimento licitatório, o licitante que ofertou o preço a ser registrado será convocado para assinar o respectivo instrumento.

Considerando os mesmos fundamentos jurídicos expendidos no item 2.11.5 do Capítulo 2, o ato de adjudicação, em razão do seu conteúdo e dos seus efeitos jurídicos, inexiste em licitações para registro de preços. Certames dessa natureza ensejam apenas a homologação pela autoridade competente.

6.6.2 Assinatura do instrumento resultante da licitação

Após a competente homologação da licitação, têm-se alguns procedimentos subsequentes. Conforme determina o Regulamento das Entidades do Sistema "S", a entidade deverá convocar o vencedor ou os vencedores do certame licitatório para assinatura do respectivo instrumento.

Esse instrumento não configura um *termo contratual*, pois a licitação para registrar preço não gera direta e imediatamente uma contratação, ao contrário das licitações comuns, em que se tem a competição, classificação e a contratação.

O certame de registro de preços dá origem a um instrumento que obriga o fornecedor a contratar com a entidade de acordo com as regras da licitação e da proposta vencedora, não havendo direito subjetivo à contratação por parte de quem ofertou o preço registrado.

Nos termos do que dispõe o Decreto Federal nº 7.892/13, sobre registro de preços, esse instrumento que é assinado após a homologação da licitação chama-se *ata de registro de preços* e possui características de compromisso para futura contratação; na ata registram-se os preços, fornecedores, órgãos participantes e condições a serem praticadas, conforme as disposições contidas no instrumento convocatório e propostas apresentadas.

Em razão do silêncio do Regulamento das Entidades do Sistema "S"[86] no que diz respeito à terminologia empregada para denominar

---

[86] Exceção feita ao Regulamento de Licitações e Contratos do SESCOOP, que em seu artigo 46 indica, expressamente, que o instrumento a ser assinado pelo licitante vencedor da licitação para registrar preços é a "ata de registro de preços".

este instrumento a ser assinado pelo fornecedor após a homologação da licitação, é possível adotar-se qualquer denominação, tal como *ata de registro de preços, termo de compromisso*, etc. O importante é que este instrumento consigne claramente um conteúdo mínimo. É cabível adotar, neste aspecto, o teor que a ata de registro de preços deve veicular, seguindo sugestão do Prof. Joel de Menezes Niebuhr no item 3.2 do Capítulo 3.

6.6.3 Vigência e extinção do registro de preços

Por fim, a vigência do registro de preços e, por conseguinte, do instrumento acima referido é limitada a 12 (doze) meses, devendo estar prevista no instrumento convocatório.

É possível ocorrer a prorrogação deste prazo, no máximo, por igual período, desde que pesquisa de mercado demonstre que o preço registrado se mantém vantajoso, consoante o artigo 34 do Regulamento. Assim, supondo-se um registro de preços com vigência de 8 (oito) meses, a sua prorrogação somente poderá ocorrer "por igual período", ou seja, por mais 8 (oito) meses, conforme determina a regra do artigo acima citado.

Importa salientar que, até o fechamento desta edição, as manifestações do Tribunal de Contas da União e da Advocacia-Geral da União acerca desta matéria, tem como pano de fundo norma do inciso III do §3º do artigo 15 da Lei nº 8.666/93, que, como sustentei anteriormente, não se aplica às entidades do Sistema "S", em face da existência de regulamentação própria neste âmbito.

A propósito desta temática, o Regulamento do SESCOOP contempla, em seu artigo 51, regra segundo a qual a vigência do registro de preços fica limitada a 12 (doze) meses, devendo esta previsão constar do instrumento convocatório.[87] Portanto, para esta respectiva entidade, a vigência máxima do registro de preços é de 12 (doze) meses, computadas aí as eventuais prorrogações.

De outra banda, a propósito da extinção da ata de registro de preços ou de qualquer instrumento dessa natureza, tenho defendido a ideia de que ela poderá ocorrer em face de algumas situações.

A primeira delas se dará com o decurso do prazo de vigência. Assim, se uma ata consigna, por exemplo, um prazo de 6 (seis) meses,

---

[87] Essa mesma advertência também é feita por Julieta Mendes Lopes Vareschini, em sua obra (*Licitações e contratos no Sistema S*, p. 418).

implementado este lapso temporal, ela estará extinta e nada mais poderá ser contratado com suporte neste instrumento. Se houver interesse da Entidade em prorrogar a vigência por igual período, mais 6 (seis) meses, todas as providências administrativas, visando este fim, deverão ser tomadas a tempo, ou seja, ainda na vigência do período originalmente estabelecido. Assim, a formalização desta prorrogação deve se dar por meio de um Termo Aditivo que deverá ser providenciado e assinado em momento anterior ao término do prazo inicial.

Na hipótese de prorrogação do prazo de vigência da ata, cabe uma advertência. Suponha-se que entidade tenha registrado preço para 1.000 computadores e ao final do 6º mês do prazo inicial já tenha adquirido 700 unidades das 1.000 registradas. Se houver previsão no edital autorizando a prorrogação por igual período e demonstrada a sua vantajosidade, não se *"ressuscita"* a quantidade já adquirida e, portanto, nessa circunstância, a prorrogação da ata por mais 6 (seis) meses dar-se-á apenas com a quantidade remanescente, ou seja, 300 unidades.[88]

A segunda possibilidade de extinção de uma ata de registro de preços ou instrumento equivalente apresenta-se com o consumo total do quantitativo registrado. Assim, imagine-se um registro de preços para 1.000 computadores com prazo de vigência de 6 (seis) meses. Se, no 4º mês destes 6 (seis) meses, a entidade já tiver adquirido as 1.000 unidades registradas, a ata restará extinta.

Estas, no meu modo de ver, são as denominadas extinções ordinárias da ata de registro de preços, pois ocorrem em virtude de circunstâncias absolutamente previsíveis. Porém, faz-se necessário destacar a possibilidade de extinção de uma ata ou registro de preços de modo extraordinário, o que se dá com o cancelamento do registro, tema este que será analisado mais adiante.

---

[88] Esta, a propósito, é a posição do Tribunal de Contas da União: *"Acórdão nº 991/2009 – Plenário.* Registro de preços – Ata – Prazo de validade – Prorrogação – Restabelecimento dos quantitativos iniciais – Impossibilidade. Consulta – Interpretação de dispositivos do decreto que regulamenta o sistema de registro de preços – Conhecimento – Resposta – Arquivamento.
1. O prazo de vigência da ata de registro de preços não poderá ser superior a um ano, admitindo-se prorrogações, desde que ocorram dentro desse prazo. 2. No caso de eventual prorrogação da ata de registro de preços, dentro do prazo de vigência não superior a um ano, não se restabelecem os quantitativos inicialmente fixados na licitação, sob pena de se infringirem os princípios que regem o procedimento licitatório, indicados no art. 3º da Lei nº 8.666/93".

6.6.4 Revisão dos preços registrados

A Constituição da República, ao se ocupar das contratações administrativas, submete-as à regra por meio da qual a sua válida celebração deve ser antecedida de um processo licitatório, dirigido a selecionar a proposta que se apresente mais vantajosa perante as demais. Esse é o conteúdo do artigo 37, inciso XXI, o qual, além disso, estabelece um direito em favor dos contratados, qual seja o de que as condições efetivas da proposta sejam mantidas durante toda a execução do contrato.

Ao disciplinar assim a questão, o Constituinte tratou de assegurar aos interessados em celebrar contratos com o Poder Público que a relação entre encargos, despesas e ganhos dos particulares, materializada no ato de apresentação das propostas, deve ser preservada ao longo de todo o desenvolvimento da relação contratual. Dessa forma, se existe dever de preservação, por conseguinte é imperiosa a sua recomposição quando rompida por quaisquer razões.

O objeto da proteção acima detalhada é a equação econômico-financeira dos contratos administrativos. Não é demais reafirmar que essa equação é formada no instante em que o particular apresenta a sua oferta de contratação, deduzida em sua proposta, descrevendo as condições econômicas por intermédio das quais pretende executar as prestações contratuais se vencedor de uma disputa licitatória.

Dita equação econômico-financeira, portanto, é a relação estabelecida entre os encargos e os ganhos projetados pelo particular para a execução do contrato. É justamente ela que deverá ser mantida durante toda a execução contratual, o que importa reconhecer que deverá ser recomposta sempre que for desequilibrada de maneira a romper a relação inicialmente estabelecida no instante da apresentação das propostas.

Esse cenário, por óbvio, deve se fazer presente no âmbito do Sistema "S". Ainda que alguns regulamentos não tratem do assunto,[89] com o dispositivo constitucional antes mencionado, nasce, na visão deste autor, o princípio da intangibilidade ou da imutabilidade da

---

[89] No Regulamento de Licitações e Contratos do SESCOOP encontra-se a seguinte disposição: "Art. 48. O preço registrado poderá ser revisto em decorrência de eventual redução daqueles praticados no mercado, ou de fato que eleve o custo de serviços ou bens registrados, cabendo à unidade gerenciadora da Ata promover as necessárias negociações com os fornecedores. Art. 49. Quando o preço incialmente registrado, por motivo superveniente, tornar-se superior ao preço praticado no mercado, a unidade gerenciadora deverá: I - convocar o fornecedor visando à negociação para redução de preço e à sua adequação ao praticado pelo mercado; II - frustrada a negociação, o fornecedor será liberado do compromisso assumido; III - convocar os demais fornecedores, visando dar igual oportunidade de negociação".

equação encargo/remuneração que se concretiza, como dito, no momento da apresentação das propostas, devendo ser observado nas licitações para registro de preços ou não.

Sendo assim, sempre que os preços registrados tornarem-se superiores ou defasados em relação aos praticados no mercado, faz-se necessária a revisão a fim de reequilibrar a equação encargo/remuneração.

6.7 Formalização da contratação

As relações jurídicas das entidades do Sistema "S" derivadas de licitação, de dispensa ou de inexigibilidade deverão, necessariamente, ser formalizadas. Nas contratações resultantes de sistema de registro de preços a situação não é diferente.

Formalização pode ser conceituada como a materialização do contrato, o que se dará mediante a elaboração de certo instrumento. O Regulamento das Entidades do Sistema "S", ao disciplinar a formalização dos contratos em seu artigo 25, determina que o instrumento de contrato é obrigatório no caso de concorrência, salvo quando se tratar de bens para entrega imediata, e facultativo nas demais modalidades de licitação, quando poderá ser substituído por outro documento, tal como proposta com aceite, carta-contrato, autorização de fornecimento, etc.

Embora o Regulamento tenha silenciado, parece evidente que os contratos e seus aditamentos devem ser lavrados nas entidades interessadas, salvo aqueles relativos a direitos reais sobre imóveis, que se formalizam em cartório de notas. Como medida salutar de controle, compete ainda a manutenção de um arquivo cronológico de todas as contratações.

Tal formalização dos contratos se perfaz de forma escrita, não se vislumbrando qualquer possibilidade de ocorrer verbalmente, consoante a clara dicção do artigo 26 do Regulamento das Entidades do Sistema "S".

6.7.1 Utilização de termo contratual ou instrumento equivalente

No que pertine ao instrumento de que se vale a entidade para formalizar uma contratação originária de registro de preços, o Regulamento não apresenta qualquer inovação, ou seja, fixou o mesmo regramento para os contratos em geral.

De fato, materializada a necessidade de adquirir um bem ou contratar um serviço pelo registro de preços, o artigo 35 determina que devem ser observadas as mesmas regras das contratações comuns, dispostas no artigo 25. Assim, a contratação poderá ser levada a efeito mediante um termo de contrato ou outro documento equivalente, dependendo da situação concreta que se apresente naquele momento.

É preciso dizer que as regras para a formalização dos contratos devem ser obtemperadas à sistemática peculiar do registro de preços. Não há dúvidas de que o Regulamento determina que se aplique o artigo 25 às contratações originárias de registro de preços, todavia, é preciso analisar alguns aspectos específicos.

Não se pode olvidar que a licitação para registro de preços pode ser instaurada tanto na modalidade concorrência quanto pregão e, dadas as especificidades expostas anteriormente, dará origem a certo *instrumento* (a *ata de registro de preços* ou *termo de compromisso*, como sugerido), diferentemente do que ocorre numa licitação comum onde temos a competição, a seleção de um vencedor e a sua pronta contratação.

Um registro de preços poderá gerar várias contratações que deverão ser formalizadas, não em face do valor registrado ou da modalidade que se adotou anteriormente, mas levando em consideração cada contratação que se realiza isoladamente.

Para elucidar a questão, adota-se o mesmo exemplo mencionado no item 5.2 do Capítulo 5. Suponha-se um registro de preços para computadores portáteis que tenha originado um instrumento (*ata* ou *termo de compromisso*) com quantidade de duas mil unidades a um custo total de R$4.000.000,00. A modalidade de licitação que foi adotada para registrar os preços e o valor (R$) total registrado não terão qualquer influência na formalização das futuras aquisições.

Na verdade, será imperioso verificar o valor da contratação, considerada isoladamente. Tomando-se a hipótese acima aventada, se o valor de uma aquisição totalizar R$70.000,00, o termo de contrato não é obrigatório. Porém, se a aquisição de computadores importar em R$700.000,00, o termo de contrato tornar-se-á obrigatório, pois este montante está compreendido no limite da concorrência, conforme os parâmetros fixados no artigo 6º do Regulamento das Entidades do Sistema "S". A sua dispensa e consequente substituição por instrumento equivalente apenas poderá ocorrer se a entrega for imediata.

Acerca da possibilidade de substituição do contrato pela ata de registro de preços, cabe anotar a lição de Julieta Mendes Lopes Vareschini,[90] nestes termos encontrada:

---

[90] VARESCHINI. *Licitações e contratos no Sistema S*, p. 424.

Portanto, a Ata de Registro de Preços não pode substituir o contrato, uma vez que constitui mero compromisso para futuras contratações. [...] Assim, para que exista a obrigatoriedade de contraprestação de ambas as partes, a entidade deve formalizar cada contratação específica mediante um contrato ou instrumento equivalente.

Em face da natureza jurídica da ata de registro de preços e dos contratos, afirmo, peremptoriamente, que a ata de registro de preços não pode substituir o contrato.

6.7.2 Prazo de vigência do registro e duração do contrato

Cabe anotar que, observado o prazo de vigência do registro de preços que, a princípio, é de no máximo 12 meses, é possível a entidade formalizar contratações por prazo, por exemplo, de 24 meses, devendo, nesta hipótese, ser respeitado o lapso temporal máximo de 60 meses, conforme previsão do parágrafo único do artigo 26. Dessa forma, é possível defender que o prazo de vigência do registro é um (artigo 34), o prazo de vigência dos contratos dele originados é outro (parágrafo único do artigo 26).

6.8 Cancelamento do preço registrado

Ultimada a licitação para registro de preços com a consequente formalização do respectivo instrumento (*ata de registro de preços* ou *termo de compromisso*), de acordo com o artigo 38 do Regulamento das Entidades do Sistema "S", o fornecedor terá o seu preço cancelado quando da ocorrência de uma das seguintes hipóteses: (i) descumprir as condições assumidas no instrumento por ele assinado; (ii) não aceitar reduzir o preço registrado, quando este se tornar superior ao praticado pelo mercado; e (iii), quando, justificadamente, não for mais do interesse da entidade do Sistema "S".

6.8.1 Cancelamento do preço pelo descumprimento das obrigações assumidas no respectivo instrumento

Como anteriormente afirmado, com a assinatura do instrumento referido na primeira hipótese, o fornecedor assume perante a entidade o compromisso de entregar os bens ou prestar os serviços à medida que as necessidades se apresentem. Consolida-se uma relação entre a entidade do Sistema "S" e o fornecedor que logrou o registro do seu preço e assinou aquele documento

Ocorrendo o inadimplemento de qualquer das obrigações impostas ao fornecedor, a entidade deverá tomar as necessárias providências que o caso requer. O empregado responsável deverá comunicar formalmente os fatos havidos à autoridade superior e, sempre que possível, juntar documentos, apontando, detalhadamente, todas as circunstâncias daquele caso e indicando as eventuais penalidades que poderão ser aplicadas. Além do cancelamento do registro, o fornecedor estará sujeito às sanções administrativas que o edital da licitação pode ter prescrito.

Instaurado o referido processo administrativo punitivo, cumpre à entidade instruí-lo adequadamente, devendo, para tanto, confirmar e ter plena convicção da infração e de sua autoria, apurar fatos (quando necessário), intimar formalmente o fornecedor, facultar vistas dos autos, possibilitar a produção de provas, a oitiva de testemunhas, etc.

6.8.2 Cancelamento do preço pela recusa do fornecedor em adequá-lo ao mercado

O cancelamento do registro também poderá ocorrer se o fornecedor não aceitar reduzir o preço registrado, quando este se tornar superior ao praticado pelo mercado. Verificada tal situação, a entidade convocará o fornecedor para com ele negociar novos valores.

Faz-se necessário que a negociação se desenvolva de acordo com critérios materiais e concretos, ou seja, a entidade deverá fazer prova inequívoca de que o preço registrado é superior ao de mercado. Para tanto, é preciso que se realize, previamente, uma estimativa de preços pautada em metodologia fidedigna. Feita a prova, se ainda assim o fornecedor se recusar a reduzir seu preço, a entidade o libera dos seus compromissos, promovendo o cancelamento do seu registro, não cabendo, nesta situação, a aplicação de qualquer penalidade.

Em homenagem ao princípio do procedimento formal, todas as tratativas acima exemplificadas devem ser documentadas e anexadas ao correspondente processo licitatório.

6.8.3 Cancelamento do preço por interesse da entidade

O cancelamento do registro ainda pode ocorrer por interesse da entidade do Sistema "S". Embora ela não esteja obrigada a contratar com aquele que tem o preço registrado, é evidente que a alegação deste desinteresse não pode ser desprovida de uma robusta justificativa.

Nesse contexto, para que o cancelamento possa ocorrer de forma regular, à entidade compete motivar por escrito esta providência, sendo imprescindível que os motivos invocados sejam efetivamente suficientes para sustentar a decisão tomada.

6.8.4 A necessária observância do contraditório e da ampla defesa

As hipóteses de cancelamento do registro, assim como o regime das sanções administrativas, implicam, necessariamente, a observância de certos princípios jurídicos, notadamente o do devido processo legal e, por corolário, do contraditório e da ampla defesa.

Em que pese o Regulamento do Sistema "S" não consignar qualquer disciplina nesse sentido, tanto o cancelamento acima tratado como a aplicação de qualquer sanção somente poderão ocorrer mediante a instauração de um processo administrativo em que se assegure o contraditório e a ampla defesa, conforme preceitua o inciso LV do artigo 5º da Constituição Federal. Trata-se, em verdade, de se prestar obediência ao princípio constitucional que apenas se concretiza por meio do devido processo legal.

6.9 Adesão à ata de registro de preços

Um registro de preços é instituído para atender necessidades futuras de uma entidade que, na fase de planejamento do procedimento a ser instaurado, identifica e quantifica certos objetos (bens e serviços).

Inobstante a assertiva acima, surge neste cenário a figura de um ator que se denomina "aderente" ou popularmente conhecido como "caroneiro". O aderente não interagiu em momento algum na licitação instaurada para registrar preços. Ele toma conhecimento da existência de uma ata de registro de preços e, durante a sua vigência, "adere" a ela contratando com o fornecedor registrado. Nas palavras do Prof. Joel de Menezes Niebuhr registradas no Capítulo 4, "adesão à ata de registro de preços, apelidada de 'carona', é o procedimento por meio do qual um órgão ou entidade que não tenha participado da licitação que deu origem à ata de registro de preços adere a ela e vale-se dela como se sua fosse".

Ainda que sob a ótica estritamente administrativa se possa argumentar da sua enorme praticidade, esta repugnante figura da adesão afronta os mais comezinhos princípios jurídicos que regem as ações administrativas não só da Administração Pública, como também das entidades que integram o denominado Sistema "S". A sua utilização, ao menos na seara pública, tem ocorrido de maneira desmesurada, propiciando toda a sorte de desvios e de ilegalidades. A esse respeito, remeto o leitor ao Capítulo 4, em que o Prof. Joel de Menezes Niebuhr elenca com propriedade e precisão todos os problemas jurídicos que envolvem o tema, só restando a este autor endossar, por completo, as suas sábias lições.

Inobstante a minha irresignação, passo à análise da matéria, registrando, preliminarmente, que até pouco tempo atrás os Regulamentos das Entidades do Sistema "S" não dispensavam qualquer tratativa sobre a adesão, exceção feita ao SEBRAE, que em 2008 editou a Resolução nº 168, e a APEX, que qualificou essa figura como hipótese de dispensa de licitação, consignando-a no artigo 9º do seu Regulamento.

Mais recentemente, algumas entidades do Sistema "S" promoveram alterações nos seus Regulamentos de Licitações e Contratos, inserindo uma seção para tratar especificamente sobre a adesão à ata de registro de preços. Com algumas pequenas diferenças pontuais entre os regulamentos, a matéria foi assim disciplinada:

> Art. 38-A. O registro de preço realizado por administração central ou regional do S... poderá ser objeto de adesão por outra administração da entidade e por serviço social autônomo, desde que previsto no instrumento convocatório.
>
> §1º Consideram-se, para efeitos de adesão, as seguintes definições:
>
> I - Gerenciador – administração central ou regional do SENAR responsável pelo registro de preço, cujo instrumento convocatório da licitação tenha previsto a adesão.
>
> II - Aderente – administração central ou regional do Gerenciador e serviço social autônomo, cujas necessidades não foram consideradas no quantitativo previsto no instrumento convocatório e que adira ao registro de preço realizado pelo Gerenciador.
>
> Art. 38-B. O Aderente informará ao Gerenciador o seu interesse em aderir ao registro de preço.
>
> §1º O Gerenciador indicará ao Aderente os quantitativos dos bens e serviços previstos no instrumento convocatório, o fornecedor, as condições em que tiver sido registrado o preço e o prazo de vigência do registro.
>
> §2º As aquisições por Aderente não poderão ultrapassar 100% dos quantitativos previstos no instrumento convocatório.
>
> §3º As razões da conveniência de aderir ao registro de preço cabem ao Aderente.

Art. 38-C. O pedido de adesão ao Gerenciador e a contratação da aquisição de bens ou serviços pelo Aderente com o fornecedor deverão ser realizados durante a vigência do registro de preço.

Art. 38-D. O fornecimento ao Aderente deverá observar as condições estabelecidas no registro de preço e não poderá prejudicar as obrigações assumidas com o Gerenciador e com os Aderentes anteriores.

Parágrafo único. O fornecedor poderá optar por não contratar com o Aderente.

Das alterações havidas nos termos transcritos, é curioso notar que uma entidade do Sistema "S" pode autorizar a adesão, *"dar carona"*, mas não há qualquer previsão ou autorização para esta entidade aderir, *"pegar carona"* em outra ata de registro de preços. Quero crer que tenha sido esta a real intenção por ocasião da elaboração do regramento dessa matéria.

Observo que, diferentemente da situação acima verificada, constata-se que o SESCOOP dispensou uma preocupação maior com a figura da adesão ao estabelecer expressamente no artigo 36 do seu Regulamento a possibilidade de esta entidade fazer uso da ata de registro de preço das outras entidades do Sistema "S", mediante solicitação escrita ao órgão gerenciador do registro de preço e sua respectiva anuência.

Mais abrangente é a Resolução nº 168/2008 editada pelo SEBRAE que autoriza, em seu artigo 3º, a qualquer unidade vinculada ao SEBRAE fazer uso da ata de registro de órgãos da Administração Pública federal, estadual ou municipal, direta ou indireta, e de outros serviços sociais autônomos.[91]

Considerando que as entidades do Sistema "S", por ocasião das suas licitações e contratações, devem total respeito aos seus respectivos regulamentos, o que em última análise reflete a obediência ao princípio da legalidade, a adesão à ata de registro de preços somente poderá ocorrer se houver previsão regulamentar autorizando tal procedimento, caso contrário, como anotado anteriormente, não é possível *"pegar carona"*, somente *"dar carona"*.

---

[91] Sobre a possibilidade de uma entidade do SEBRAE aderir a uma ata de registro de preços da Administração Pública, este autor concorda com o pensamento de Julieta Mendes Lopes Vareschini, assim exposto: "Defende-se que a solução adotada pelas demais entidades, no sentido de restringir a adesão apenas no âmbito dos serviços sociais autônomos, é mais adequada, em virtude das diferenças existentes entre o regime jurídico aplicável à Administração Pública e o que incide perante o Sistema 'S'" (*Licitações e contratos no Sistema S*, p. 448).

6.9.1 Limites para adesão à ata de registro de preços

No meu entender, com relação aos limites para adesão à ata de registro de preços, é possível visualizar a temática sob dois aspectos, um "organizacional" e outro "quantitativo". No primeiro, a adesão fica circunscrita apenas a regionais da mesma entidade detentora da ata ou outros serviços sociais autônomos, o que acaba abrangendo toda e qualquer entidade integrante do Sistema "S". Cabe anotar a exceção constante da Resolução nº 168/2008 do SEBRAE, que autoriza esta entidade a aderir a atas de registro de preços da Administração Pública. A propósito do limite "organizacional" para adesão, insta assinalar a decisão do Tribunal de Contas da União, nestes termos vazada:

> **Acórdão nº 1192/2010 – Plenário**
> [...] não há viabilidade jurídica para a adesão por órgãos da Administração Pública a atas de registro de preços relativas a certames licitatórios realizados por entidades integrantes do Sistema "S", uma vez que não se sujeitam aos procedimentos estritos da Lei nº 8.666/1993, podendo seguir regulamentos próprios devidamente publicados, assim como não se submetem às disposições do Decreto nº 3.931/2001, que disciplina o sistema de registro de preços.

Por seu turno, de acordo com o limite "quantitativo" estabelecido pelo Regulamento das Entidades do Sistema "S", as aquisições por aderente não poderão ultrapassar 100% do quantitativo previsto no instrumento convocatório da licitação.

Com relação a este limite "quantitativo", o Tribunal de Contas da União[92] decidiu que, para *órgãos e entidades da Administração Pública*, a partir de 1º de janeiro de 2013, todas as contratações decorrentes da ata de registro de preços não podem ultrapassar o quantitativo registrado, sejam estas contratações de órgãos participantes ou de aderentes.

Por fim, considerando a possibilidade de as aquisições, por aderente, totalizarem 100% da quantidade registrada, há, sem dúvida alguma, uma flagrante violação ao princípio da vinculação ao instrumento convocatório, fato este muito bem detalhado pelo Prof. Joel de Menezes Niebuhr, no Capítulo 4.

---

[92] Acórdão nº 1.233/2012, parcialmente reformado pelo Acórdão nº 2.692/2012.

6.9.2 Requisitos para adesão à ata de registro de preços

Em virtude do conteúdo axiológico normativo do princípio da vinculação ao instrumento convocatório, resta evidente que a adesão deverá estar prevista no respectivo edital da licitação, sem o que o procedimento não pode se concretizar. Esta, a propósito, é a inteligência do artigo 38-A do Regulamento das Entidades do Sistema "S".

É de responsabilidade exclusiva do aderente demonstrar as razões da conveniência de aderir à ata de registro de preços de outrem. Primeiramente, caberá a comprovação de que a sua necessidade pode ser perfeitamente atendida com o objeto que consta da ata a ser aderida e, num segundo momento, justificar a vantajosidade da adesão sob o aspecto econômico.

Implementada a providência acima, o aderente comunicará ao gerenciador o seu interesse em aderir ao registro de preços (artigo 38-B). Por sua vez, o gerenciador indicará os quantitativos dos bens e serviços registrados, o fornecedor, as condições gerais do registro (preço, prazo de entrega, de execução, etc.) e o prazo de vigência do registro (parágrafo único do artigo 38-B). O fornecedor não é obrigado a aceitar a adesão, podendo recusá-la sem que lhe seja aplicada qualquer sanção.

Materializada a adesão, a execução do objeto contratado deverá observar as mesmas condições estabelecidas no registro de preços aderido, não podendo prejudicar as obrigações originalmente assumidas com o gerenciador e com os aderentes anteriores (artigo 38-D).

Em apertada síntese, esses são os requisitos para adesão à ata de registro de preços elencados no Regulamento das Entidades do Sistema "S" e que, no nosso modo de ver, não são as únicas providências a serem tomadas ou os únicos atos a serem praticados.

Para uma perfeita compreensão dos atos que norteiam o procedimento de adesão, cabe a leitura de um passo a passo elaborado no Capítulo 4 pelo Prof. Joel de Menezes Niebuhr, que, muito embora tenha sido idealizado em face das disposições do Decreto Federal nº 7.892/13, aplica-se, em larga medida, às adesões promovidas pelas entidades do Sistema "S".

REFERÊNCIAS

BANDEIRA DE MELLO, Celso Antônio. *Curso de direito administrativo*. 15. ed. São Paulo: Malheiros, 2003.

BRASIL. Tribunal de contas da união. *Licitações & Contratos*: orientações básicas. 3. ed. Brasília: Tribunal de Contas da União, 2006.

BRASIL. Tribunal de Contas da União. *Licitações e contratos*: orientações & jurisprudência do TCU. 4. ed. Brasília: TCU, 2010.

DALLARI, Adilson Abreu. *Aspectos jurídicos da licitação*. 4. ed. São Paulo: Saraiva, 1997.

GASPARINI, Diogenes. *Comissões de licitação*. 2. ed. São Paulo: NDJ, 2000.

GASPARINI, Diogenes. *Direito administrativo*. 11. ed. São Paulo: Saraiva, 2006.

GUIMARÃES, Edgar. A disciplina jurídica do pregão no âmbito das entidades do Sistema "S": breves anotações. *Revista JML de Licitações e Contratos*, Curitiba, v. 1, n. 1, p. 3-9, dez. 2006.

GUIMARÃES, Edgar. *Controle das licitações públicas*. São Paulo: Dialética, 2002.

JUSTEN FILHO, Marçal. *Comentários à Lei de Licitações e Contratos Administrativos*. 11. ed. São Paulo: Dialética, 2005.

JUSTEN FILHO, Marçal. *Comentários à Lei de Licitações e Contratos Administrativos*. 15. ed. São Paulo: Dialética, 2012.

MEIRELLES, Hely Lopes. *Direito administrativo brasileiro*. 25. ed. São Paulo: Malheiros, 2000.

MEIRELLES, Hely Lopes. *Licitação e contrato administrativo*. 11. ed. São Paulo: Malheiros, 1996.

MENDES, Renato Geraldo. Os regimes de empreitada na Lei nº 8.666/93. *Revista Zênite: Informativo de Licitações e Contratos – ILC*, Curitiba, n. 1252, p. 166, dez. 2007.

NIEBUHR, Joel de Menezes. *O novo regime constitucional da medida provisória*. São Paulo: Dialética, 2001.

NIEBUHR, Joel de Menezes. *Princípio da isonomia na licitação pública*. Florianópolis: Obra Jurídica, 2000.

OLIVEIRA, Régis Fernandes de. *Infrações e sanções administrativas*. São Paulo: Revista dos Tribunais, 1985.

PÉRCIO, Gabriela Verona. Breves reflexões sobre o Sistema de Registro de Preços: deveres e obrigações da Administração Pública para com o detentor do preço registrado. *Revista Zênite: Informativo de Licitações e Contratos – ILC*, Curitiba, v. 20, n. 227, p. 21-25, jan. 2013.

SAMPAIO, Ricardo Alexandre. Aplicação do Sistema de Registro de Preços para a contratação de obras e serviços de engenharia: breves apontamentos. *Revista Zênite: Informativo de Licitações e Contratos – ILC*, v. 17, n. 191, p. 59-66, jan. 2010.

SANTANA, Jair Eduardo; GUIMARÃES, Edgar. *Licitações e o novo estatuto da pequena e microempresa*: reflexos práticos da LC nº 123/06. Belo Horizonte: Fórum, 2007.

SUNDFELD, Carlos Ari. *Licitação e contrato administrativo*. São Paulo: Malheiros, 1994.

TÁCITO, Caio. O princípio da legalidade: ponto e contraponto. *Revista de Direito Administrativo*, Rio de Janeiro, v. 206, 1996.

VARESCHINI, Julieta Mendes Lopes. *Licitações e contratos no Sistema S*. Curitiba: JML, 2007.